【文庫クセジュ】

スピノザ入門

［改訂新版］

ピエール＝フランソワ・モロー著
松田克進／樋口善郎訳

白水社

目次

第四章　受容 ―――― 146

序

スピノザと聞けば、いくつものイメージが重なって浮かびあがる。

十七世紀の偉大な合理主義者であって、デカルトが開拓した哲学の新しい道をさらに前進した哲学者の一人――というイメージ。否ひょっとするとスピノザこそが、科学革命を最もラジカルに徹底した人物なのかもしれない。なぜならば彼は、人間を分析する場合にさえ「幾何学的様式」を用いようとしたのだから。

ほとんど無神論といっていいような神概念を提示したため、また、その〔大胆な〕聖書解釈のため、さらにまた、自由意志や罪に依拠しない倫理思想のため、あらゆる陣営から攻撃された哲学者――というイメージ。事実スピノザは、アムステルダムのユダヤ人共同体から追放されたのを手始めに、全宗教の正統派から非難された。しかし、彼の思想は、地下水脈を通って、十八世紀末のドイツにおいて日の目を見ることになる。そのとき彼は、〔無神論者から一転し〕「神に酔える哲学者」と呼ばれる。

政治学の世界では、あるときは自由主義者に分類される。だが、哲学する自由を主張するさいのスピノザの論拠はホッブズの議論をなぞったもので、このホッブズという思想家は必ずしも政治的自由の提唱者とは見なされていない。またあるときは、民主主義者に分類されることもあるが、彼の遺作となった『国家論』は、君主制と貴族制と民主制とを等価に扱っているように思われる。さらにあるときは、マルクス主義者に分類されもするが、あいにく彼は、あらゆる革命の虚しさを強調している。また、スピノザは精神分析の歴史に位置づけられることもあるが、〔外界からの刺激によって生じる認識としての〕表象知という彼の概念は無意識の概念をカバーするものではない。また、社会科学の歴史に位置づけられることもあるが、社会科学はスピノザの時代にはまだ存在していなかった。

以上のようなイメージに次のことがらを付け加えれば、スピノザの人物像と学説にまつわるパラドックスも一通り出揃ったことになる。すなわち、スピノザを難解な哲学者、さらには曖昧な哲学者と好んで評する向きがいるのにもかかわらず、スピノザは、専門的哲学研究の外部の世界で最も人気のある哲学者の一人だ、ということである。

本書は、こういったすべての問題を解決しようというものではない。本書がともかくも行ないうることがら、それは、彼の生涯についてわかっていること、彼の著作の中身、彼の哲学を解釈するにあたってのいくつかの問題、彼の哲学説の歴史的な受け止められ方——これらを説明することである(1)。

(1) 原書では、このセンテンスののちに段落が改まり、以下に掲げる文章が続く。スピノザの著作の略語表記法および引用箇所の表記法についての説明である。この箇所を本文の一部として邦訳する必要度は低いと判断されるので、訳注に置くことにする。

「スピノザの著作を表示するにあたっては、原題(あるいはフランス語題名)をもとにした次のような略記法が確立している。

TIE(あるいはTRE)=『知性改善論』

KV(あるいはCT)=『神、人間、および人間の幸福に関する短論文』

PPD・CM=『デカルトの哲学原理』・『形而上学的思想』

TTP＝『神学・政治論』
E＝『エチカ』
TP＝『国家論』
CGH＝『ヘブライ語文法綱要』
KVとTPからの引用の場合、最初に章番号（TPの場合、これに加えて段落番号）で引用箇所を示すことになっている。
『エチカ』の場合は、第何部の何番目の定理かを示すのが普通である。TTPは、フランス大学出版局（PUF）が出した版において段落番号が導入された。TIEに関しては二種類の節分けが共存している（どちらもスピノザ自身によるものではない）。すなわち、一つはブルーダー版の節分けであり、コイレ訳に踏襲されている。そして他方はアッピューン訳で行なわれている節分けである」〔訳注〕。

第一章　スピノザの生涯

スピノザの生涯と著作は、これまで、多くの伝説によって物語られ、多くの偏った解釈に捻じ曲げられ、多くの誤解に晒されてきた。なぜならば眺める角度が間違っていたからである。それゆえわれわれは、スピノザの伝記のなかで、疑いえないことがわかっている部分をまずは淡々と並べてみることから始めなければならない。そうしたうえで、解釈および評価に関わる問題へと着手すればよいのである。大切なのは、作り話を避けることだけではなく、さらにまた、はっきりしている事実関係の重みをしっかりと捉えることなのである。

I　事実関係

一六三二年十一月二十四日、ベントー・デ・スピノザは、アムステルダムで、ポルトガル出身のユダヤ人の家に生まれた。母ハンナ・デボラは一六三八年に没。父ミゲルは一六五四年に没。父の死後、彼は遺された商家を、弟ガブリエルと一緒に経営する。一六五六年七月二十七日、所属していたユダヤ人共同体から追放される。その後、家族とは縁が切れたようである。とにかく、以後、家業は弟によって営まれ、スピノザ自身は光学レンズを研磨することで生計を立てることになる。同じころ彼は、元イエズス会士のファン・デン・エンデンが一六五二年に設立した学校でラテン語を覚え、ギリシア・ラテンの古典文化を学ぶ。また彼は、〔牧師すら置かないという〕「第二次宗教改革」のサークル〔すなわちコレギアント派〕に属するプロテスタントたちと交際する。それらのプロテスタントはたいていデカルト哲学への関心を特徴としていた。一六五八年夏と一六五九年三月にはさまれた時期に、二人のスペイン人がスピノザおよびファン・デ・プラド（彼もまた異端判決を受けたユダヤ人である）と会見し、このことをのちに〔本国の〕異端審問所に報告している。その報告によると、スピノザとプラドは、「自分たちはもう聖書の神を信じてはおらず、公言に値する最善の法とは何かを探求している」と語ったとされる。一六六〇年あるいは一六六一年にスピノザはアムステルダムを離れレインスブルフに居を構える。この町は、コレギアント派の知識人が集まる場所であった。

当時スピノザには一冊の著書もなかったが、にもかかわらず彼は、「新科学」の擁護者のあいだでかなり有名な存在となりはじめる。そのため英国王立協会（ロイヤル・ソサエティー）の書記官ヘンリー・オルデンバーグは、ネーデルラント北部七州を旅したさい、わざわざレインスブルフにまで足を伸ばしてスピノザを訪問する。それは一六六一年夏のこと。ロンドンに帰ったオルデンバーグはスピノザに書簡を送る。これが、その後一五年間続く文通の始まりであり（途中長い中断期間を挿むのではあるが）、そこで、自然学、政治、宗教、哲学などの実にさまざまな話題が取りあげられることになる。

一六六三年、スピノザはフォールブルフに転住。そして『デカルトの哲学原理』を刊行（オランダ語訳は一六六四年に出る）。この書物がきっかけとなってウィレム・ファン・ブレイエンベルフと書簡を交換し、そこでとりわけ「悪の問題」が取りあげられる。

一六六九年末と一六七一年初頭のあいだに、今度はデン・ハーフ〔ハーグ〕に転住する。この地で彼は残りの人生を過ごすことになる。

遅くとも一六六五年以降、彼は『神学・政治論』の執筆にとりかかっていたが、この著作は、一六七〇年に匿名出版されるやいなやあらゆる方面からの非難を浴びる。そして一六七四年、この書は、ローデウェイク・マイエルの『聖書の解釈者としての哲学』およびホッブズの『リヴァイアサン』、ソッツィーニ派テクストのアンソロジー『ポーランド兄弟団著作集』と同時に発禁処分となる。

その間の一六七一年、スピノザはライプニッツから書簡を受け取る。ライプニッツはその数年後にスピノザに面会するため来訪。

一六七二年、〔コンデ公率いる〕フランス軍がオランダに侵攻し、その結果、それまで一五年間オランダを統治してきたデ・ウィット兄弟が失墜する。彼らが暗殺され、オラーニエ公ウィレム〔三世〕が権力を手中にしたとき、スピノザは、「このうえなき野蛮なる者ども」という貼り紙を、暗殺者たちを非難するために〔殺害現場に〕掲示しようとしたが、すんでのところで思いとどまる。このときスピノザはオランダを離れることを考えたのだろうか。〔フィレンツェ・アカデミー書記官〕ロレンツォ・マガロッティがその後書いた文章を読む限り、スピノザにそのような意図があった可能性がある。

一六七三年、スピノザは、フランス軍がユトレヒトに設けた宿営地に赴き、そこでコンデ公の側近〔ストゥープ中佐〕と会見。一六七五年、『エチカ』出版の試みも、聖職者たちの威嚇ゆえに頓挫する。

一六七七年二月二十一日、スピノザ没。その後、友人たちが彼の遺稿集をラテン語とオランダ語翻訳で出版。そこに含まれていたのは、『エチカ』『書簡集』と、『知性改善論』『国家論』『ヘブライ語文法綱要』という三つの未完の作である（ただし『ヘブライ語文法綱要』はラテン語版にのみ収録）。遺稿集全体には序文が付いており、それをオランダ語で書いたのはおそらくヤーリフ・イエレス、それをラテン語に訳したのはローデウェイク・マイエルである。翌一六七八年には、匿名刊行者のもと『神学・政治論』のフランス語翻訳が出る（おそらく刊行者は、ユグノーである〔亡命者〕ガブリエル・ド・サン＝グレン）。この版にはフランス語で「本書理解に資する興味深い注釈」が収録されており、どうやらこれは、改訂版のためにスピノザが書き溜めていたものであると思われる。

II　スピノザの伝記の典拠

長らくスピノザの伝記は、次に挙げる五つの文章のみを主要な典拠としてきた。

（一）一六七七年に出た〔ラテン語およびオランダ語〕遺稿集の序文

〔オランダのスピノザ研究者〕メインスマの言葉を借りれば、これら二つの短い文章は、今でも、「〔スピノザの生涯について〕のちに書かれたあらゆる文章の試金石である」。なぜならば、「そこに記録されていることがらが真であることを何人も疑いえない」からである。この序文の著者たちはスピノザの親友であったし、執筆時期も彼の死の直後なのである。

（二）一六九七年にピエール・ベールが刊行した『歴史批評辞典』における「スピノザ」の項

これは第二版で改訂され、〔次に掲げる〕コルトホルトの序文からわかった情報が取り込まれることになる。一六九八年には書店主F・ハルマによってオランダ語訳が〔翻訳かつ〕刊行された。十八世紀の識者は、しばしば、この項でベールが提供しているスピノザ哲学体系の要約を通してスピノザの思想を知ることになる。またこの項にはスピノザの生涯も語られているが、それはベールが異なるいくつかの情報源から仕入れたものを再構成したものである。

(三) 一七〇〇年、セバスティアン・コルトホルトが『三人の欺瞞者』の再版に寄せた序文

『三人の欺瞞者』は、彼の父クリスティアン・コルトホルトが一六八〇年に出版した書物である。自由思想家の伝統で「三人の欺瞞者」といえばモーセ、イエス、ムハンマドを指すが、ここでの三人とは、ホッブズ、チャーベリーのハーバート、スピノザのことである。

(四) 一七〇四年、ルター派の牧師コレルスが著わした『スピノザの生涯』

コレルスはこの書物を、『B・デ・スピノザおよび彼の弟子たちに抗する、イエス・キリストの復活に関する擁護論』という説教と同時にオランダ語で出版した。コレルスはスピノザと面識は無かったし彼の思想に共鳴していたわけでもない〔それどころか非難していた〕のだが、スピノザの人柄に魅了され、その生涯と暮らしぶりについて調べるために骨折った。牧師としてデン・ハーフに着任すると、彼は、二〇年前にスピノザが住んでいた家に住み込んだ。スピノザが最期の数年を過ごしたその家の家主は画家のファン・デル・スペイクであり、コレルスはとりわけ彼にスピノザについて尋ねることができた。この伝記の記述は、〔スピノザがこのスペイクの家に転住する〕一六七一年以前については短く不確かだが、一六七一年から一六七七年にかけての時期については一転して詳細である。スピノザ思想に対する拒否感

とスピノザの生き様に対する賞賛とが結合されているという点で、本書は、スピノザを「有徳な無神論者」と捉えたベールの見方を踏襲しているように見える。主要な典拠はファン・デル・スペイクの証言であり、これをベールやコルトホルトのテクストで補完して成った書である。

（五）一七一九年に出た『ベネティクトゥス・デ・スピノザ氏の生涯と精神』の第一巻

この著作は刊行されるよりずっと前から回覧されていたもので、著者は、ルーアン生まれのフランス人、ジャン＝マクシミリアン・リュカス（一六四六〜一六九七年）である。ともかく著者の自称するところでは、彼はスピノザの友人かつ弟子である。この書が書かれた時期を特定するのは難しく、スピノザの死の直後に書かれたもの（ドゥーニン＝ボルコフスキの説）なのか、あるいは死後出たいくつかの典拠に依拠しつつ改訂を重ねてできたもの（フランセスの説）なのか、わからない。いずれにせよ、文章の調子や、最後の数頁での「われわれ」という一人称の使用などからすると、この伝記はスピノザを囲む友人の集団（あるいは諸集団の一つ）が書いたものだと思われる。メインスマによると、「リュカスの伝記は、コレルスの伝記よりもはるかに遺稿集の序文に合致しており、スピノザの生涯の出来事の前後関係についても概して正確である」。

ちなみに、この『生涯と精神』の第二巻である『スピノザの精神』は、『三人の欺瞞者についての論考』という表題でも知られているが、これは、〔スピノザを欺瞞者と見なす〕コルトホルトの伝統に応答し、それを換骨奪胎するものである。すなわち、表象知〔の可謬性〕に関するスピノザの理論が、いろいろな宗教の欺瞞性に関する古典的な理論の基礎を成すものであるとされているのである（スピノザ自身はここまでの議論はしなかった）。スピノザ哲学が危険思想の新展開に資する奥行きを持っていることの一例がここにもうかがわれる。

以上をまとめると、ラテン語テクストが二点、つまり『ラテン語遺稿集』序文とコルトホルトの序文。フランス語テクストが二点、つまりベールと『スピノザ氏の生涯』。オランダ語テクストが一点（ちなみにこれは、そのフランス語訳のさまざまな改訂版の形で、ヨーロッパ中で読まれた）。

ぜひとも注意せねばならないのは、これら五つの主要な典拠のうちどれ一つとして、一個の独立した伝記ではないということである。これらの各々は、理論的な主張を持つ本文に付加されたものにすぎず、その本文を導入したり例示したり、あるいは本文に含みを持たせることを役割としているのである。（遺稿集序文の場合、スピノザの著作そのものが本文であり、コルトホルトとコレルスの場合は反駁文が本文であり、ベールの場合は〔スピノザ哲学体系の〕要約と反駁文が本文、リュカスの場合はスピノザ哲学の戦闘的なリライトが本文になっている）。

以上に挙げたもの以外の文書もある。スピノザ自身が書いたもの、とりわけ書簡のなかに散在する情報である。また、スピノザに対する攻撃文書から取り出された、取り扱いに用心しなければならないいくつかの情報もある（これらはかつてゲープハルトによって収集され、最近ヴァルターによって改訂版が出された(1)）。十八世紀には、〔書店主かつ芸術愛好家〕ウィレム・フーレーが、ファン・デン・エンデンに関して若干の知見を書きとめた。医師モニコフはスピノザの生涯についてのいくつかの注釈を書き残した。十八世紀の終わり頃、〔ニュルンベルクの博識家〕ムルは『神学・政治論』への新しい注釈を発見した。ヘーゲルの弟子かつ友人だったオランダ人ファン・ヘルトは他の文書を探索したものの不首尾に終わった。

（1）巻末参考文献【1】参照。

十九世紀になるといくつかのテクストが出現した。すなわち、それまで未発見の書簡と、『短論文』の要約、さらには『短論文』本体である。また〔虹および確率計算についての〕科学的な主題の小品が二つ再発見されたという見方もある。

スピノザの伝記資料に関する研究が大躍進したのは主にメインスマのおかげである。彼はアドリアーン・クールバハの裁判記録を掘り起こし、スピノザの他の友人たちの活動を分析することで、「スピノザは孤独な苦行者だった」という神話が間違っていることを突きとめた。『スピノザとそのサークル』という彼の著書の表題はこのことに由来する。[1] この著書のポイントは、スピノザはオランダの「自由主義思想家」の伝統の只中にいたこと、また、より直接的な環境としては、個人主義と合理主義の方向に宗教改革を解釈するコレギアント派に囲まれていたことを示すことにある。つまり、メインスマはスピノザを、オランダの自由と自由主義思想の歴史における一つの里程標と捉えるのである。この著作はすぐさまドイツ語に翻訳され、これが契機となって多産的な学派が形成され、そこからフロイデンタール、ゲープハルト、ドゥーニン＝ボルコフスキらが登場した。フロイデンタールは手稿や公式および非公式の文書の刊行を企画した。[2] カール・ゲープハルトは、また同様に、ウリエル・ダ・コスタおよびファン・デ・プラドといった異端的ユダヤ人の重要性も強調した（ダ・コスタについてはその著作を刊行した）。それ以後、I・S・レヴァは異端審問所の古文書のなかから、スピノザとプラドに会見した二名のスペイン人の報告書を発見した。[3] ゲープハルトはさらに、シュトレとハルマンという二人のドイツ人旅行者の旅行記の一部を刊行した。これらの旅行者は、十八世紀の初め、その三〇年以前にスピノザと親交のあった人びとに面会する機会を得た人物である。ギュスターヴ・コアンは、スピノザが一六七三年にフランス人の宿営地を訪問したことの痕跡を、シャンティイにあるコンデ公古文書館で発見した。ヴァス・ディアスとファン・デル・タークはスピノザの家族と青年期についての情報を含む資料を公刊した。(4)

(1) 参考文献【2】参照。
(2) 参考文献【3】参照。
(3) ゲープハルトの仕事については参考文献【4】を、レヴァについては【5】を参照されたい。
(4) 参考文献【6】参照。

これらさまざまな典拠をどのように評価すべきであろうか。おもな問題は、コレルスとリュカスとのあいだでの話の食い違いについてどう考えるかに由来している。メインスマとゲープハルトは主にリュカスを買っている。なぜなら、リュカスはスピノザと時代的にも思想的にも近い存在だからである。もっとも、フロイデンタールは、リュカスのことを「間違いなくスピノザの弟子」と見ながらも、リュカスに対して全面的に依拠することは避けている。他方、スピノザとそのサークルとの結びつきをできるだけ弱く解釈したい向きは(彼らがそうしたいのは、しばしば正反対の理由からである)、リュカスの証言の価値について懐疑的である。たとえば、ドゥーニン=ボルコフスキはリュカスの思考様式がスピノザのそれからまったく乖離していると考えており、またマドレーヌ・フランセスも、そもそもリュカスがスピノザと近しい関係を持っていたことを疑い、むしろ彼は聖人伝をでっちあげ、自分の哲学的趣味をそこに押し込んで喜んでいるのではないかと見ている。それにくらべれば、コレルスは、いろいろ不正確なことを述べてはいるが、その「近視眼的な綿密描写」ゆえにリュカスよりもある種の信憑性があるのではないか、というわけである。実際のところ、これらの典拠に対する思想史家の評価は、スピノザ主義がどう展開してどんな内実を持ったのか、というまさにこの点についての彼ら自身の見方に大きく依拠している。確かなことは、これらの伝記はどれもこれも、スピノザの若年よりも晩年についての情報を提供しており、若年については別の文書を見なければならないということ、そして、先に確認したような、スピノザについて知られている若干の事実関係（その数は十七世紀の他の哲学者の場合とくらべると数少ない）が理解可能なものとなるのは、それらの意味が浮かびあがるような角度から眺めた場合に限られる、ということである。そういった角度を考慮に入れていないという点に、大半の伝記の弱点が存する。[1] そこでわれわれは、今から、それらの角度を手短に復元しよう。そうすれば、スピノザの伝記を巡って何が争点となっているかを見極めることもできるだろう。「スピノザはオランダ人だった、ポルトガル系ユダヤ人だった、デカルト派だった」と言うだけでは充分ではないのであって、十七世紀という時代においてオランダ人であるとは、ポルトガル系ユダヤ人であるとは、デカルト派であるとは、何を意味するのか、ということを解明しなければならないのである。言い換えれば、これらの、見かけは非常に単純な諸規定が、いかなる遺産を、そしていかなる矛盾を覆い隠しているのか、を解明しなければならないのである。

（1）現時点での最良のスピノザ伝はスティーヴン・ナドラーによる参考文献【7】であり、これはメインスマ以降のもろもろの発見を反映させている。また、参考文献【8】も参照されたい。

III　誕生地アムステルダム

十七世紀のオランダに生を受けるということ、もっと正確にいえば、十七世紀のオランダの裕福な商都に生まれるということ――これには三つの意味がある。政治的な意味、宗教的な意味、学問的な意味である。〔まずは政治的な意味から見ると〕オランダが独立を獲得したのは、最初はオラーニェ公ウィレムの指揮下で戦われたスペインとの八〇年戦争の最中であった。しかし、スペインがネーデルラント〔北部〕七州の独立を初めて正式に認めたのはミュンスターの和平（一六四八年）によってである。戦争が終わると、オランダは、大多数の国が君主国であったという当時のヨーロッパ地図のなかで例外的な存在となる。七つの州の各々が主権を持ち、州総督（オランダ語でシュタートホルダー）と州議会（政府組織）によって統治され、これら両者はしばしば対立関係にあった。また、七州全体にも連邦議会と連邦総督がいた。この連邦総督の役割は、ある種の最高君主を体現することであり、これを務めるのは代々、独立戦争で指導的役割を果たすという栄誉に包まれたオラーニェ＝ナッサウ家の人間であった。他方、連邦議会のほうは、「レヘント」〔都市門閥貴族〕たちが構成するブルジョワ商人層を代表しており、その権勢は、海上貿易が繁栄するのにつれて増大した。州総督と法律顧問〔実質上の州議会議長〕との対立は、さまざまな形をとって現われ、しばしば非常な暴力を伴うこともあった。しかし、スピノザが成人する頃は、総督が空位の時代であった。というのも、ウィレム二世が一六五〇年に没すると、彼の忘れ形見の一人息子とその取り巻きは混乱状態に陥り、そのため議会のほうが優位に立ったからである。[1]〔総督不在という〕この状況は、一六五三年に法律顧問ヤン・デ・ウィットが実権を握ってからのち、一六七二年まで継続する。この一六七二年、〔コンデ公率いる〕フランス軍がオランダに侵攻しオランダ軍が敗走したために、〔ウィレム二世の遺児〕ウィレム三世が総督に就任し、法律顧問デ・ウィットの政治体制が揺らぎ、彼は兄〔コルネリス〕とともに暗殺されてしまう。しかしそのときまでは、オランダは貴族制の共和国と見なされえたし、また政体が変化したとはいっても厳密な意味での君主制になったわけではない。しかしいずれにせよ、このとき〔時代の〕一頁がめくられたのである。[2]

（1）一六六三年、連邦議会は公的な請願書を制定した。そこでは、連邦議会が「主権者」を自称し、またオラーニェ家の名前は削除されていた。オラーニェ派の多くの聖職者たちが、この決定に対してヤン・デ・ウィットに抗議した。

（2）参考文献【9】を参照されたい。

スペインの圧制に対する反乱は、最初は、諸都市が伝統的な「特権」を持っているという理由によって正当化された。[1] しかし、戦闘が進み、〔独立の〕体制が確立するにつれて、正真正銘の共和主義思想が発展した。そのような思想はド・ラ・クール（オランダ名はファン・ホーフェ）兄弟の著作に現われている。[2] 彼らの議論の拠り所は、とりわけマキアヴェッリおよびホッブズに繋がる知的伝統であった。スピノザの政治学的著作も、少なくとも部分的には、これと同じ知的空間に位置することになる（スピノザは『国家論』でド・ラ・クールから引用しているし、スピノザの蔵書には彼の『政治学序説』と『国家に関する諸考察』の両方がそろっていた）。

（1）参考文献【10】を参照されたい。

（2）彼らの主著の第一部については、参考文献【11】を参照されたい。

〔次に宗教的な意味について見ると〕カトリック国スペインの非寛容に対する戦いは、プロテスタンティズムの名のもとで行なわれた。否、プロテスタンティズムの諸派の名のもとで、と言ったほうが正確である。これらの諸派は、戦闘が継続しているあいだは協調を保っていたが、戦闘が勝利を収めはじめると、厳格なカルヴァン派（この教派は、宗教会議によって社会生活や出版活動を統制することを是とした）を国教としたい人びとと、再洗礼派、反三位一体派、千年王国派といった多様な宗派を守るため信仰と礼拝の自由を確保したい人びととのあいだに亀裂が現われた。その後、カルヴァン派の陣営内部においても対立関係が生じた。すなわち、厳密な予定説を採るゴマルスを支持する派と、自由意志をより重視するアルミニウスを支持する派との対立関係である。ゴマルス派はオラーニエ家の支持を取り付け、他方、アルミニウス派はレヘントたちの支持を得た。彼らの論争が激しくなったのは、アルミニウス派が議会に対して、ゴマルス派の宗教会議の主張に抗議するために「請願書《レモンストランティア》」を提出したときである（この事件ゆえ、アルミニウス派は「レモンストラント派」、ゴマルス派は「反レモンストラント派」とも呼ばれるようになった）。彼らの抗争は沈静するときもあるが、それも大抵は一時的なものであり、こういった世情ゆえに、ある種の「事実上の寛容」とも言える状況が現出し、それゆえルター派やカトリック教徒、ユダヤ教徒も〔事実上〕認められるようになった（もっともカトリック教徒は大っぴらに礼拝する場所を持たなかったが）。ただし、この寛容にも限界があり、それはとりわけ、宗教的抗争が政治的抗争を伴った一六一八年から一六一九年にかけての時期にはっきりした。このとき、ドルトレヒト宗教会議（ここでゴマルス派は総督の後ろ盾によって勝利を確かなものとした）の議決として、連邦法律顧問オルデンバルネフェルトの死刑、グロティウスの捕縛、アルミニウス派の嫌疑をかけられた教授および聖職者たちの「追放《パージ》」が決定されたのである。しかし、その後の数年で状況は回復する。十七世紀なかば、オランダ特有の現象として、宗派が複雑に分裂すると同時に、（カルヴァン派宗教会議の度重なる攻撃に耐えつつ）思想の自由および出版の自由が認められた。これはヨーロッパの他の場所にはない自由であった。

当時の状況の説明を補うために、「宗教行為をめぐる権利（ラテン語でユース・キルカ・サクラ）」についての長い論争にも言及しなければならない[1]。これは十七世紀中続いた論争で、神学や政治の問題に関わり、その争点は、「聖職者を任命し、礼拝を執り行ない、宗派の規則を決める権利は、誰が持っているのか」という点にあった。教会と国家とを分離するという近代的な考え方は当時なかった。一つの考え方は、一方が他方を管理下におくのが絶対に必要であるか、さもなければ、教会の自立を認めたうえで、世俗の司法官が教会の決定を補佐するというものである（これはゴマルス派の立場である）。もう一つの考え方は、最終決定権を司法官に委ね、司法官が教会を管理下に置くというものである（これはアルミニウス派およびイギリスのホッブズの立場であり、のちに、スピノザもこちら側に立つことになる）。国家主権に優位を与える議論は、とりわけ、グロティウス（『宗教行為をめぐる最高権力の支配力について』一六四七年）、また、ルキウス・アンティスティウス・コンスタンスという匿名著者の『教会法論』のなかに見られる（後者の用語法および問題意識は、スピノザの『神学・政治論』の第一九章に登場することになる）。

（1）参考文献【12】を参照されたい。

最後に〔学問的な意味であるが〕、オランダは大学と出版物において威信を誇っていた[1]。オランダと聞いて思い出されるのは、エラスムスの伝統、学問の長い歴史、科学革命、そして科学革命と結びついた哲学である。

（1）参考文献【13】を参照されたい。

実際のところオランダは人文主義の発祥地の一つであった。この点に関しては、とりわけアグリコラとエラスムスが有名である。エラスムスの伝統は他のプロテスタント地域では見捨てられたし、カトリック地域でも反宗教改革によって打倒されたが、オランダでは命脈を保ち、そこに内在する平和主義や、非寛容に対する反骨精神を息づかせていた。〔キケロやセネカをオランダ語に訳した〕ディルク・コールンヘルトは、「〔異端者は〕燃やせ、切れ」という有名な標語[1]をめぐってユストゥス・リプシウスと論争した。スピノザはのちに、「正しく行ないてみずから楽しむこと」というコールンヘルトのモットーを〔『エチカ』第四部で〕引用することになるし、メインスマも彼を、宗教的自由の擁護者であったアムステルダム市長コルネリス・ホーフトたちとともに、「自由主義者」という〔少し混ぜこぜの〕カテゴリーのなかに分類している。確かなことは、これらの人物は、いろいろな点で異なってはいたものの、次のような雰囲気の醸成に寄与したということである。すなわち、オランダの公共性の限界がどのようなものであれ、政治問題や宗教問題に関するものを含む討論の自由を守ろうという雰囲気である。まさにこのような雰囲気ゆえに、オランダには、迫害を逃れた人びとが転住してくることになったのである。たとえば、〔ルイ十四世による一六八五年の〕ナント勅令の廃止前後にフランスから来た多くのユグノーたちである。また、この雰囲気ゆえに、他国で執筆されたがそこでは刊行不可能だった書物がオランダにやってきて印刷されたのである。

（1）この標語によってユストゥス・リプシウスは、国家体制の統一を暴力によって維持する権利と義務を主権者が持っていることを表現した。そのような目的で国家が暴力を用いるのは、病人の健康を維持するために医師があらゆる手立てを用いるのと同じだというわけである。

もう一つの特徴は、文献学と歴史学の実践である。なるほど〔オランダには〕ゴクレニウスやアルステッド、ケッケルマンの哲学に見られるような、スコラ的・カルヴァン主義的な形而上学の流れに属する哲学的伝統もあった。それは、マッコヴィウスによってオランダの諸大学へと組み入れられ、ブルヘルスダイク（『形而上学教程』の著者）によって継承された。この伝統で重視されたのは「方法の形而上学」であった（これは手短にいえば、ラムスによって再解釈されたアリストテレス主義のことである）。しかしこれは、ヘーレボールトによって（オランダ国外ではクラウベルクによって）、デカルト主義的スコラ学へと、いともたやすく方向転換することになる。スピノザの蔵書にはケッケルマンとクラウベルクの書物があったし、彼は『形而上学的思想』ではヘーレボールトから引用している。したがって、まさにこういったオランダのスコラ学こそが、論理学や形而上学の専門的な問題を扱うときのスピノザに、学問用語や学問領域の一部を提供したのである。しかしながら、オランダは、体系的な哲学者を輩出する以上に、書誌学者と歴史学者を輩出した。〔コルネリス・ホーフトの息子〕P・C・ホーフトはタキトゥスにインスパイアされて八〇年戦争の歴史を綴った。フォッシウス家とヘインシウス家は古典ラテン語の叢書、古典言語の文法書や辞書を出版し、歴史的なテクスト批判の規則を整備した(1)。有名な「アムステルダム学院」が開校するにあたっては二つの講演が行なわれたが、それらはこの時代のオランダ文化を如実に物語っている。すなわちフォッシウスは「歴史学の技法《アルス・ヒストリカ》」について、バルラエウスは「賢き商人《メルカトル・サピエンス》」（つまりオランダの人文主義者の階層を形成していた教養ある商人）について論じたのである(2)。

（1）スピノザは『神学・政治論』第九章において、歴史学の技法の諸規則に言及している。
（2）参考文献【14】を参照されたい。

オランダはまた、科学技術の栄えた場所でもあった。シモン・ステヴィンの仕事は、陸軍や海軍のために技術者が科学を発展させた好例である[1]。ホイヘンス、フッデ、さらには例の〔法律顧問〕ヤン・デ・ウィットが力学、工学、確率論の分野で残した業績は、オランダ独自の科学の発展を示している。また、従来のスピノザ伝でのお決まりの姿であるレンズ研磨者としてのスピノザ像をまさにこのような文脈のなかに置きなおしてみることも必要である[2]。レンズ研磨は確かにスピノザにとって生計の手段であったが、同時に、理論光学と応用科学の最新研究でもあった。それは、こんにちのコンピュータ工学と同様に、当時の「先端テクノロジー」だったのである。

（1）参考文献【15】を参照されたい。
（2）なお、ホイヘンス兄弟が相互に交わした書簡は、〔望遠鏡および顕微鏡という〕これらの道具の製造に関して、彼ら兄弟とスピノザとのあいだにどのような議論や競争があったかを示している。参考文献【16】を参照されたい。また、一六七一年にライプニッツとスピノザが行なった書簡の遣り取りは、光学およびパンドカ・レンズを主題とするものであった。

そのようなオランダにデカルトが転住し、まさにこの地で、デカルト哲学をめぐる大きな論争が次々に繰り広げられた〔具体的には〕デカルト自身がレギウスによるデカルト解釈に反論し、またヴォエティウスがデカルトに論争を挑んだ[1]。ここで少し立ち止まって、「デカルト的」という言葉の意味について考えてみなければならない。これはけっして、デカルト説の純粋かつ単純な祖述を意味するのではない。むしろ逆に、デカルト説は出発点そして象徴であり、同時に、いくつかの矛盾の交差点でもあった。まず〔第一に〕出発点としての意味とはこうである。デカルト的な〔学問的〕枠組みのなかで、デカルト自身は取り扱わなかった諸問題が、いわゆるデカルトの方法あるいはデカルト的な方法に則って論じられた。〔デカルトの額面通りの立場には反するのだが〕理性を聖書の読解基準とすることが敢えて行なわれたのはその一例である。第二に、象徴としての意味とはこうである。この「デカルト哲学」というレッテルは実際のところ〔十七世紀の〕新哲学の全体へと拡張された。たとえば、ランベルト・ファン・フェルトホイセンは、デカルトのみならず〔デカルトと立場を異にする〕ホッブズを拠り所とすることもあった〔がデカルト派と見なされた〕のである。最後に、矛盾の交差点としての意味はこうである。師デカルトのテクスト〔解釈〕の諸問題をいかに解決するかについては、相互に矛盾する読み方や解決案が存したのである。

（1）参考文献【17】【18】を参照されたい。

科学の発展はオランダ学派に属する数学者たち（たとえば、F・ファン・スホーテン。彼の書物はスピノザの蔵書にもあった）によるデカルトの翻訳および継承を通して滞りなく行なわれた。スピノザの書簡集には、彼が科学的諸問題に関心を向けていたことがわかる何通もの書簡がある。たとえば、化学反応に関するボイルおよびオルデンバーグとの論争然《しか》り、確率論に関するファン・デル・メール宛書簡然り、数学に関するもろもろの議論然り。公刊された書物よりも書簡のなかでこそ、スピノザが同時代の文化に浸っていたことがうかがわれる。そしてその文化は「オランダ」文化であることによって必然的に国際的なものでもあった。なぜならば、当時オランダは〔ヨーロッパにおける〕学芸の共和国の中心地だったからである。十七世紀の終わりから十八世紀の初めにかけて、〔哲学者〕ベール、〔改革派牧師〕バナージュ、〔神学者〕

ジャン・ルクレルクが活動することになるのは、ほかでもないオランダにおいてである。ロックが亡命して『人間知性論』を執筆するのも、やはりオランダにおいてである。〔ポール・アザールの言う〕「ヨーロッパ精神の危機」の出発点――別の識者によると「啓蒙思想の事実上の開幕」――は、いくつもの限界の枠内においてではあれ当時のオランダが惹き起こしたかの尋常ならざる〔文化的な〕坩堝《るつぼ》のなかに見出されるのである。(1)

（1）参考文献【19】【20】を参照されたい。

Ⅳ　ユダヤ人とマラーノ

スピノザが生を受けた、アムステルダムのポルトガル系ユダヤ人共同体は、大部分、宗教裁判を逃れてきた元「改宗者（コンベルソ）」で構成されていた。その歴史は十五世紀末にまでさかのぼる。カトリックの王〔イザベルとフェルナンド〕は一四九二年、スペインのユダヤ人の改宗を命じた。それを拒む者は国を出たが、その大部分はポルトガルに移住した。しかしポルトガルでもその数年後に迫害が起こった。一四九二年という数字は偶然ではない。それはグラナダ陥落の年、したがってイベリア半島における最後のイスラーム国家が終焉を迎えた年である。この地でのキリスト教とイスラームの宗教的共存はそれまでしばしば軋轢を惹き起こしたとはいえ豊かな文化交流をもたらし、これが中世スペインの特徴ともなっていたのであるが、そのような共存が終わったのである。これ以後スペインは文化的黄金期（「黄金の世紀」）を迎えると同時に、閉鎖性をいよいよ歴然たるものとして、この傾向は、とりわけエラスムス主義と宗教改革の攻勢に激しく抵抗したのちに強まった。[1]

（1）参考文献【21】を参照されたい。

このような時代的文脈において、（歴史上珍しくはないのだが）二つのことがらが同時に進行した。すなわち〔一方で〕、「改宗者」たちは当初は職務を得てスペイン社会内での地位を築いた。生粋のスペイン生まれのオロビオ・デ・カストロは、「スペインではほとんど全員が、つまり王子も貴族も平民も、もとをただせば棄教したユダヤ人の出だ」とまで言いきっている。それと同時に〔他方で〕、〔カトリックの〕それほど豊かではない社会的階層は、「改宗者」たちに対して徐々に敵意を増し、彼らが法的に守られていることを非難するようになった。これらの階層は、いまやキリスト教徒になった「改宗者」を宗教的側面から非難することができないので、「改宗者」たちが元ユダヤ人であり「汚れ」ているのだ、という血筋に関する名誉毀損の空論をでっちあげた。このような空想をもとに、「純血の地位」を向上させよ、一定の職務からは「新キリスト教徒」を排除せよ、彼らから疑いの目を一時も離すな、といった要求が出されることになった。言い換えれば、ユダヤ人はたとえキリスト教に改宗してもあくまでもユダヤ人なのだ、という主張である。このような空論は、スペインがヨーロッパの大国としての地位を失うにつれてその重みを増すことになる。[1]

（1）アメリコ・カストロによる古典的な業績を参照されたい。それらは明快であるが、ときに、主張が論証の守備範囲を超えている。より最近のものとしては参考文献【22】を参照されたい。

宗教的側面から見れば、異端審問所は一つの理論を必ずしも貫徹したわけではなく、改宗をほとんど重視しなかった。異端審問所が意を砕いたのは、むしろそれら〔新しい〕キリスト教徒のうちにユダヤ教の痕跡が無いかどうかを調査することである。その圧力は十六世紀と十七世紀に強まる。拷問によって告訴・密告・告白させるという手段で、次のような危険を暴きだそうとしたのである。すなわち、実在するのか空想にすぎないのかはともかく、「マラーノ」たち（〔豚を意味するスペイン語であり、〕新キリスト教徒を指す蔑称）が「秘密のユダヤ教信仰」によってカトリック信仰にもたらしている危険である。十七世紀初頭より、〔ユダヤ教信仰を〕疑われているあるいは疑われる恐れのある人びとの大勢が逃亡し、ハンブルクやアムステルダムに逃げ場を求めた。

しかし、ここで解釈上の問題が提起される。すなわち、われわれは異端審問所の記録を信頼しなければならないのか、という問題である。この問いへの回答次第で（そして、宗教的良心とは何かについての考え方次第で）、異なる二つの結論が出る。一つは、イベリア半島一面が「秘密のユダヤ教信仰」によって覆いつくされていた、という結論であり、他方は、それとは逆に、異端審問所がイカサマ裁判によって偽ユダヤ教を完全にでっちあげた、という結論である。[1] おそらく、状況はもっと複雑だったのであろう。スペインではユダヤ教を公に教えることは不可能だった。また、ユダヤ教の書物が（プロテスタントの書物、およびヨーロッパの他地域で刊行された多くの書物と同様に）禁止されていた数十年間が終わったときには、キリスト教徒がユダヤ教について、カトリックのお墨付きの情報とは別のところから学ぶことは難しくなっていた。家族の伝統として伝わってきたものがある場合、そのような伝統だけがユダヤ教本体の代わりとなりえたが、そのような伝統も世代が進むにつれて希薄にならざるをえなかった。他方、キリスト教の聖書を通じて旧約聖書に接することは可能だった（とはいっても、〔一五四三～六三年の〕トレント公会議以降、非聖職者が聖書を直接読むように推奨されることはほとんどなくなったので、旧約聖書に接することが万人に可能だったわけではない）。旧約聖書からユダヤの律法について何事かを学ぶことも可能だった（もっとも、口頭で伝えられた律法やラビの伝統については学べなかった）。〔マラーノたちは〕宗教的には一枚岩のような外観を持ちながらも、彼らの状況は多様にならざるをえなかった。すなわち、おそらく一部の者は、一つの宗教というよりは、まちまちの理解度のもとに伝統を保持した。別の者は、「秘密のユダヤ教信仰」あるいはそれとはまったく逆に（とりわけカルメル修道会やイエズス会の）カトリックに没頭した。また多くの者は、宗教が自分たちの活動の中心になかったという単純な理由から、あまりいろんな問題に関わることなく既成宗教に迎合することで満足した（万人が日々の生活の都合を差し置いても宗教的真理に思い悩む、などと考えるのは、神学者あるいは戦闘的な反教権主義者の幻想である）。さらにまた別の者は、おそらくもろもろの宗教を比較することから、全般的な懐疑主義を引き出した。そして最後に、一部のエラスムス主義者は、キリスト教をその内部から改善することを一時夢見た（しかしこのような立場は十六世紀の終わりには維持しきれないものとなる）[2]。おそらく大勢の者は、信仰と無関心と迷信とをまぜこぜにしており、このような混合が一般的な宗教的良心の特徴となっていた。ほかでもない異端審問所の圧力が、彼ら〔マラーノたち〕をして、〔宗教という〕この領域について思い悩ませ、彼らが求めているわけではなかった〔民族的〕アイデンティティーの発見へと向かわせたのである。

（1）前者の想定は、レヴァによるものであり、異端審問所の記録に過度の信頼を寄せているものである。後者の想定は、サライバによるものであり、これについては参考文献【23】を参照されたい。

（2）ウリエル・ダ・コスタは自伝のなかで、自分の父親が「本物のキリスト教徒」であった、と述べているが、この

ＡＡとき彼はおそらく、このような立場を示唆しているのであろう。参考文献【24】を参照されたい。

Ｖ　スペインおよびポルトガルの遺産

〔アムステルダムのユダヤ人〕共同体は、もとをただせば〔イザベルとフェルナンドという〕スペイン王による〔ユダヤ人改宗の〕決定に由来するのであるが、にもかかわらずそれを、「ポルトガル系」と称するのはなぜなのか。それは、彼らの数世代前の家族がたいていスペイン出身だったとしても、〔アムステルダムに向かって〕ポルト港やコアンブル港を出発したのはポルトガル系ユダヤ人だったからである。いずれにせよ、アムステルダム川の岸辺にできあがったユダヤ人共同体は、イベリア半島の豊かな文化を身に携えていた。この遺産は実際のところ二つの部分から成る。イベリア半島の文化史に由来する二重性ゆえにである。この共同体はスペイン語とポルトガル語という二つの言語を用いつづけたのである。日常生活にはポルトガル語を、そして文化的言語としてはスペイン語を用いたのであり、スピノザの蔵書にはポルトガル語の文献はなかった（ただし、とくに初期には例外もあり、たとえばウリエル・ダ・コスタをめぐる論争はポルトガル語で行なわれたし、神の摂理に関するモルテラの論文もポルトガル語で書かれた）。イベリア半島の伝統を保持するような文学活動も存在した（スペイン語の文法書やスペイン語の詩歌も出版された）。アムステルダムのユダヤ人共同体は、たとえ宗教としてのカトリックを放棄し、スペインを「偶像崇拝の土地」と見なしたとしても、文化的な軸としてのスペインを放棄したわけではなかったのである。それゆえスペインをめぐっては複雑な感情の混ざった追憶が残り、これは共同体によってずっと共有されつづけたのである。さらに、若干の例外を別にすれば、元「マラーノ」たちはスペインから直接やってきたわけではない。彼らの家族はポルトガルを経由したのであり、それゆえ、迫害からの逃亡に関する直近の記憶はポルトガルの地と結びついていたのである。それとは逆に、記憶のなかのスペイン的な要素は、スペインは迫害者でもあったということを同時代の何らかの事件が思い出させる場合を除けば、むしろ懐かしい思い出となる傾向があった。たとえば、ユダヤ人共同体は一六五五年に、〔スペインの〕コルドバで殉教したアブラハム・ヌネス・ベルナルの思い出に捧げた一冊の書物を出版した。同様に、ただ聖書を読んだがためにユダヤ教に改宗した「元キリスト教徒」ロペ・デ・ベラが火刑に処せられたときには、ヨーロッパ中で反響が見られたのである（スピノザもアルベルト・ブルフ宛の書簡〔「書簡七六」〕のなかで彼に言及している）。

おそらくこのような〔イベリア半島に由来する〕遺産における〔スペイン的およびポルトガル的な〕二つの側面の差異についてはこれまで充分に研究がなされていない。ポルトガルは一五八〇年から一六四〇年までの六〇年間スペインに併合されており、スペインは自国文化を、とりわけオリヴァレス伯爵の監督下で受け入れさせようとした。すると反乱が起こり、ポルトガル王朝が再建された。一五七八年のムーア人との戦闘でポルトガル王セバスティアンはまるで神隠しのような仕方で行方不明となったが、この事件が、強力な千年王国説に結びついた。つまり、王は戦死したのではなく身を隠しているだけで、いつの日かポルトガル国民の力を回復するために帰ってくるに違いない、という有名な粗筋が作られたのである。このような〔文化的〕遺産はひょっとすると、その後、十七世紀の他のメシア信仰や千年王国説にも影響を与えたのかもしれない。こういったこともヨーロッパ思想史の一つの要因であるが、たいていの場合は無視されてしまう。それは、十七世紀をひとえに「合理主義的」な古典期と見るとらえ方のせいである。〔ポルトガル出身のイエズス会士〕アントニオ・ヴィエイラ神父の著作はこういった〔十七世紀の非合理主義的〕傾向の好例である。

VI　体制と軋轢

〔アムステルダムに来た〕これらの元カトリック教徒は、自分たちが復帰したユダヤ教のことをあまりよく知らなかった。そこで彼らは、他所、とりわけヴェネツィアからラビたちに来てもらわねばならなかった。アムステルダムのユダヤ人たちは堂々たる共同体を構築した。この共同体は複数の有力者によって統率された。それは、オランダのキリスト教徒が複数の有力者によって統率されている姿に似ていた（もっともオランダの有力者たちのほうが、聖職者に威を振りかざすことにかけては腕が上だったが）。一六三九年、〔アムステルダムのユダヤ人の〕三つのグループが合体して一つの共同体にまとまった（これをタルムード・トーラーと言う）。アスカモットと呼ばれるがんじがらめの規則によって、パルナッシムたち（毎年選出される行政理事たち）が権力を手中にし、ラビたちは二次的な役割しか果たしていなかった。追放（ヘレムと呼ばれ、「破門」と訳されることもある）は、マハマド（共同体を運営する会議体）の決定を守らせるための武器であった。教育システムとしては実際的なものが採択されていた。エッ・ハイム（生命の樹）という学校が一六三六年に設立された。より高度な学芸は〔一六四三年に設立された〕ケテル・トーラー（律法の冠）学院で教えられた。

アムステルダムのユダヤ人共同体には何人かの重要な思想的指導者がいた。彼らの立場、文化的背景、表現様式は相互に大きく異なっていた。その一人は、イザーク・アボアブ・デ・フォンセカ。また別の一人に、サウル・レヴィ・モルテラ。彼は理論的首尾一貫性が非常に強い著作『モーセの律法の真理性についての論考』[1]の著者であり、また、ケテル・トーラーの創設者でもある。さらに別の一人はアブラハム・コーエン・ヘッレーラ。彼はカバラ思想〔ユダヤ神秘主義〕を新プラトン主義的に解釈した書物『天の門』の著者である。さらに別の一人に、メナセ・ベン・イスラエル。彼は〔理論的というより〕修辞学的な面での重要人物である。時代が少し下ると、オロビオ・デ・カストロ[2]。彼は、レモンストラント派のリンボルフと討論した[3]。また、護教家のアブラハム・ペレイラもいる。

（1）次の版がある。参考文献【25】参照。
（2）参考文献【26】を参照されたい。
（3）参考文献【27】参照。この著作において、ウリエル・ダ・コスタの自伝『人間的生の実例』が初めて世に出た。

ユダヤ人がキリスト教の知識人にとって興味の対象であったのにはいくつもの理由がある。彼らを改宗させたいという関心が伝統的な理由として高く掲げられていたが、それは最大の理由ではなかった。カルヴァン派はユダヤ人のうちにヘブライ的伝統の運び手の姿を見て取った。まさにこの伝統を認識することが、「聖書のみ」に依拠することを自負するカルヴァン派にとって必要不可欠であった（ヘブライ学は〔レイデン大学のヘブライ学教授〕コンスタンティン・レンペルールなどの学者によって発達した。また、バーゼルのブクストルフ家による研究も有名である）。千年王国論者やクェーカー教徒はユダヤ人から啓示を期待し、また自分たちの教義に特有の理由から、ユダヤ人は〔キリスト教に〕改宗しなければならないと考えていた。つまり、ユダヤ人の〔キリスト教への〕改宗は「最後の審判」前夜がやってきた徴《しるし》と捉えられていたのである。

アムステルダムのポルトガル系ユダヤ人共同体は、このように、首尾よく地に足を付け、強力な社会体制や輝かしい文化、由々しき文化人も備えていた。オランダの学者たちによっては対話者として重視されていた。このように、彼らが繁栄する条件は整っているように見えた。しかし、その知的生活はいくつかの危機を経験した。そのなかでも最も重大なものは、〔第一に〕アブラハム・ファラルによる危機である。彼は、〔一六一八年〕ある種の儀式に異議を唱えたために最初期の共同体を分裂させた。また〔第二に〕、ウリエル・ダ・コスタによる危機（一六三三～一六三九年）もある。彼は口承律法の権威に疑義を唱え、さらに啓示を無効にするような自然法を弁護したのである。[1]最後の危機は、プラドとスピノザによるもの（一六五六年）である。しかし、以上〔の三つの危機〕に、次の事件も付け加えなければならないであろう。すなわち、イザーク・アボアブとモルテラとのあいだで行なわれた、死後の罰の永遠性をめぐる論争（一六二八年）である。この論争のうちには、おそらく、元マラーノの〔歴史的〕状況に関係している問題意識を見て取らねばならないであろう。それは、〔ユダヤ教徒にとって〕最も大きな罪がもしも他宗教に改宗することならば、逃亡する機会に恵まれず、キリスト教徒として生き死んでいった父祖たちの魂はどのような目に遭うのだろうか、という問題意識である。

（1）ウリエル・ダ・コスタの『ファリサイ的伝統の検討』は発見され、参考文献【28】として刊行されている。

このような一連の危機は、「マラーノ的心性」が働いたために生じたと考えるべきであろうか。従来、こういった一連のことがらは、しぶしぶながらも宗教的欺瞞と二重言語を習性としなければならないため良心が引き裂かれた結果生じたのだと解釈されてきた。しかし、もろもろの多様な危機の原因を一つの心理的因果性にのみ求めるのは難しい。宗教的欺瞞は十六世紀および十七世紀にはかなり広く見られた現象であるし（〔イエスの隠れた弟子となったファリサイ派の人〕ニコデモの立場のことを思い起こされたい(1)）、宗旨替えもまた複雑な経緯を経たうえでの個人的決定であった、ということを強調しておかねばならない。アムステルダムのユダヤ人を取り囲む、「聖書のみ」という原理に依拠するカルヴァン派からの圧力は、〔イベリア半島の〕カトリック世界からの絶縁の場合とは異なり、〔ユダヤ教の〕口承律法〔の継承〕にとって、あまり有利には働かなかったのかもしれない。以上のような〔当時の〕知的状況についての概観を完全なものとするためにさらに考慮しなければならないのは、医学的な唯物論とでも言うべきものである。すなわち、このユダヤ人共同体においては、異端的キリスト教徒におけるのと同様に、医師たちが特殊な知的役割を果たしていたのである。

（1）カルヴァンは「ニコデモの徒に告げる弁明」を著わし、改革派のテーゼが正しいことに納得しながらもカトリック陣営にとどまっている信者を批判した。それらの信者は、〔改革派に与すれば〕アディアフォラ〔自由裁量に委ねられた事項〕についても立場の相違が生じるため、公的な分派は認められないと考えたのである。参考文献【29】を参照されたい。

このように、スピノザは閉ざされた場所から登場した人物ではない。彼は次のような文化を備えた共同体に生まれ育ったのである。すなわちそれは、スペイン的遺産とポルトガル的遺産とに分裂した文化であり、また、カトリックの痕跡、カルヴァン諸派との対話、ユダヤ人としてのアイデンティティーの主張とに分裂した文化である。それは、周りを取り囲むキリスト教の諸世界との関係性のうちにある、ユダヤ人独自の世界であった[1]。

(1) 参考文献【30】【31】【32】を参照されたい。

Ⅶ 教育・絶縁・環境

ミゲル・デ・スピノザには五人の子供がいた。彼の家族は貧しくはなかったが、どうやらその晩年、商売は傾いていたようである。いずれにせよ息子たちは学校に通った。スピノザはタルムード・トーラーの学院に通ったが高等教育は受けなかった。初期の伝記作家は、スピノザは将来ラビになることを期待されていたとしているが、どうもそのようなことはなかったようである。彼は父の商売を手伝ったのち、弟ガブリエルとともにその後継者となった。これが一六五五六年まで続く。

その後何が起きたのか。いくつもの仮説が可能である。いずれにせよ、彼は一六五六年、とくに厳しい破門によってシナゴーグから追放の身となる。この追放処置というのはたいてい一時的なもので、さまざまな種類の無軌道を処罰するためのものなのだが、スピノザの場合、破門は決定的であり、不敬な言行に対するものであった。したがってそれは異端裁判であった。同日、ファン・デ・プラドが登壇し、自分の罪を認めた。しかしそれは破門のお預けにすぎなかった。というのも、彼自身も一年後追放の憂き目を見るからである。

この事件に関しては破門宣告のテクスト以外に三つの記録が残っている。第一に、密告文。第二に、数年後プラドが共同体に戻りたがっているといううわさが広まったときにオロビオ・デ・カストロが書いた反駁文（書簡形式の罵言）。第三に、一六五九年にプラドとスピノザに会見した二人のスペイン人が書いた異端審問所宛の報告である[1]。

（1）ドミニコ会修道士トマス・ソラーノ・イ・ロブレスとペレス・デ・マルトラニーリャ大佐は、アムステルダムでプラドおよびスピノザと交際した。マドリードに帰ると彼らは、見聞したすべてを異端審問所に報告した。対話者［プラドとスピノザ］は彼らに次のようなことを明言したというのである。「哲学的な意味での神以外に、神は存在しない」。「魂は身体とともに死滅する」。「ユダヤの法は間違っており、自分たちはそれを公言するために、最善の法を模索している」。このように、彼らの発言は無神論の宣言ではない。彼らは啓示宗教を拒否し、〔新たな法の〕探求を宣言しているのである。このドミニコ会修道士〔トマス〕は彼らの立場をすぐに「無神論」と見なした。なぜならば、職業的神学者にとっては、ユダヤ教徒でもキリスト教徒でも（異教徒でも）ない人物は「無神論」のカテゴリーに入るからである。逆に、ペレス・デ・マルトラニーリャはそのような色眼鏡を持っていなかったので、おそらくこれら二人の異端者の発言をより正確に再現している。

誰がスピノザに「道を踏みはずさ」せたのか、ということについてはこれまでいくつもの仮説が作られてきた。プラドだろうか（これはゲープハルト、のちにレヴァの説）。それとは逆に、スピノザがプラドの「ユダヤ教に対する」疑義に筋金を入れたのだろうか（ヨベルの説）。さらには、ひょっとすると、スピノザは別の人間から、たとえば、デカルト主義者や異端的プロテスタント、あるいはファン・デン・エンデンのような自由思想家から、ユダヤ教との決別につながるようなインスピレーションを得たのかもしれない。これらの仮説のなかの一つに決めるよりも、むしろ現存する文書を眺めて見るほうがよい。そこで問題になっているのは、ユダヤ教の内実に対する疑いのみならず、（着想の時期は少し遅れるかもしれないが）人間が従わねばならぬ法に関する疑問なのである。それがもしモーセの律法でないとすれば、それは他の啓示宗教であろうか。一六五九年における回答は「哲学的な意味での神以外に神は存在しない」である。もし〔このときのスペイン人の〕会見者が正確に言葉を理解しノートしたとするなら、この回答がとくに意味するのは、スピノザが、彼の先達が誰一人として行なわなかったことをしている、ということである。すなわち彼は、他の者が宗教的な正統あるいは異端のうちに探求しようとしていたものを哲学のうちに探求しようとしているのである。実際のところスピノザは、その書簡として残っている最初期のもの（一六六一年に書かれたもろもろの書簡）のなかで文通相手たちに「我が哲学」という題名の著作について語っているのである。

〔プラドのような〕ユダヤ人の異端者たちを別にすれば、スピノザは、どのような場所に足を運んだのであろうか。第一に、彼は、何年のことかははっきりしないが、フランシスクス・ファン・デン・エンデンの学校に通った（破門前からかもしれないが、破門後に通ったことは確かである）。彼はそこでラテン語を学び、またラテン語を通じて、それまでの彼には欠けていた古典的教養のすべてを学んだ。当時は、実際のところこの古典的教養こそが学識ある人びとと対話するための必要条件であった。スピノザのラテン語には、テレンティウスやサルスティウス、タキトゥスの表現が散りばめられている（ときには、文言がそっくり引用されている）。イエズス会出身であるファン・デン・エンデンは、この修道会の教育法を部分的に活用した。彼は生徒たちにしばしばラテン語で演劇させたのである。スピノザの文章には、テレンティウスの『宦官』という作品に登場するパルメノの台詞と思われる箇所がいくつもある。スピノザ自身がパルメノの役を演じたことがあるのではないかと思われるのである。

スピノザは、ファン・デン・エンデンの学校で、あるいは商人として活動していたさいに、自由な精神の持ち主たちと知り合った。彼らは、属する宗派はばらばらだったが、「賢き商人《メルカトル・サピエンス》」というカテゴリーに当てはまるか（たとえばヤーリフ・イェレス、ピーター・バリング）、あるいは医師であった（たとえばローデウェイク・マイエル、バウメーステル）。彼らはデカルトについて、そして新科学、宗教、哲学について語り合った。このサークルが、スピノザの最初の聴衆となる。ほかでもない彼ら（の一部）のために、スピノザは『短論文』を書くことになるのである。

最近の研究の結果、次のような推測がなされることがある。スピノザは一六五七年クェーカー派の宣教師ウィリアム・エームズと会い、彼のために、マーガレット・フェルがユダヤ人に宛てて書いた文章をヘブライ語に翻訳したのではないか、という推測である。ユダヤ人がクェーカー教に改宗することは、クェーカー派において、世界の終末を表わす徴《しるし》の一つとされていた。スピノザについてのこの推測が当たっている可能性はかなり低い[1]。むしろ、ウィリアム・エームズの冒険的な〔宣教〕活動がはっきりと示すのは、一六五〇年代から一六六〇年代にかけてアムステルダムを支配していた宗教的探求の雰囲気である。アントニオ・モンテジノスのアムステルダム滞在も、まさにこのような雰囲気のなかに位置づけて捉えなければならない。彼はアメリカで、イスラエルの失われた十支族の末裔に会ったと主張し、その劇的な物語がのちにメナセ・ベン・イスラエルに、またジョン・デュアリのようなイングランドのプロテスタントにインスピレーションを与えるのである[2]。宗教的な衝撃ということに関しては、最後に、偽メシアであるサバタイ・ツヴィ[3]の一連の行動が一六六六年の北ヨーロッパに騒ぎを惹き起こしたことを想起しなければならない。アムステルダムの多くのユダヤ人はこの事件に熱狂し、財産を売り払って〔パレスチナへと〕出発した。その後彼らはヴェネツィアまで来たところで、メシアの棄教〔つまりサバタイ・ツヴィがイスラームに改宗したこと〕を知って立ち止まる。やはり、このようなメシア待望論は〔当時の〕オランダで千年王国論者が増えていたことと関係があると考えるのが自然である。ちなみに、キリスト教徒もこの〔サバタイ・ツヴィの〕事件に関心を持っていた（たとえばオルデンバーグはこの事件をかなり重視し、ある書簡〔「書簡三三」〕でそれに関するニュースをスピノザに求めているが、スピノザの返事は現存していない）。

（1）エームズは、「クエーカーの女王」と呼ばれたマーガレット・フェルに、「アムステルダムには、同胞たちから追放された一人のユダヤ人がいます」と書き送り、さらにその後の数通の書簡で、自分がそのユダヤ人に翻訳の仕事を託したことを説明している。R・ポプキンはおそらく、これらの記録を読み込みすぎたのである（このユダヤ人がスピノザであるという事実を示すものは何もない）。

（2）参考文献【33】を参照されたい。

（3）なお、サバタイ・ツヴィ騒動は、その張本人がイスラームに改宗したのちでも、否むしろ改宗したのちにこそ、盛りあがったのであるが、G・ショーレムはその原因をマラーノ的心性のうちに見ている。すなわち、終末論的な理由によって救世主ですら偽りの宗教に改宗せざるをえないならば、なおさら新キリスト教徒〔マラーノ〕が改宗したことも正当化されよう、というわけなのである。

VIII　コレギアント派とソッツィーニ派

以上のような雰囲気は、コレギアント派の活動にもよく現われている。レモンストラント派は、〔一六一八〜九年の〕ドルトレヒト宗教会議の結果として牧師を立てないようになっていたので、「コレギウム」という形で集会を持つ習慣ができあがった（この集会にはその後、新教の他のグループに属する人びともやってくるようになった）。ファン・デル・コッデ兄弟が、ヴァルモンドに最初のコレギウムを作った。その後、中心は、レイデンの近郊のレインスブルフに移った。このレインスブルフにスピノザは、一六六〇ないし一六六一年から一六六三年まで住むことになる。ただし、スピノザが近隣にいた彼らと実際に付き合いがあったことを示す文献は残っていない。コレギアント派のテクストや教説にレッテルを貼るのは時として困難である。合理主義者なのか、それとも心霊論者《スピリチュアリスト》なのか。たとえば「光」という語にどのような意味を当てはめるかによって見方はがらりと変わりうる（具体的には、〔スピノザの友人でもあったコレギアント派〕ピーター・バリングの書物『燭台の光』の「光」をどう解釈するかということである）。自然の光と捉えるのか、それとも霊からのインスピレーションと捉えるのか[1]。いずれにせよ、コレギアント派の世界は、かなり自由に思想や影響や翻訳が行き来する知的かつ霊的な活動を示すものであった。

（1）これらすべての問題については、参考文献【34】【35】を参照されたい。

同様に、時代のこういった雰囲気においてソッツィーニ派が果たした役割を無視するわけにはいかない。ソッツィーニ派は、十六世紀に、ポーランドの反三位一体論者がイタリアの人文主義者レリオ・ソッツツィーニおよび〔彼の甥〕ファウスト・ソッツィーニと出会ったことに端を発する。ときどき言われることとは逆に、ソッツィーニ派は当初から、宗教に関して合理主義者だったわけではない。彼らの第一世代はむしろ原理主義者であった（スピノザが「書簡二一」で彼らに言及しているのはまさにこの側面からである）。確かに彼らは、キリストを持ち出すとしてもキリストの神性を認めてはいない（これはスピノザにも一脈通じる立場である）。しかしソッツィーニ派がいわゆる宗教的合理主義を初めて標榜することになるのは、時代が下って、創設者の孫ヴィショヴァーティの代になってのことである。[1] すでに見たように、ソッツィーニ派のアンソロジーは、一六七四年、ホッブズ、スピノザ、マイエルの著作と同時に、オランダ法廷によって禁書にされる。その後、ソッツィーニ派とこれらの人物は、しばしば十把一絡げに、理神論の祖として攻撃されることになる。おそらく人びとはまだ充分には、彼らの教説とスピノザ哲学を比較照合してはいなかったのであろう。[2]

（1）参考文献【36】【37】を参照されたい。スピノザの蔵書には、ソッツィーニ派サンディウスの教会史があった。おそらく彼はそれに基づいて、「書簡七六」でアルベルト・ブルフに抗して示した教会史についての知識を得たのであろう。
（2）参考文献【38】を参照されたい。

IX　デカルト主義

シナゴーグから破門されてのちの五年間のスピノザについて、われわれは、ほとんど何も知らない。例外的にわかっているのは、一六五九年に異端審問所に提出された〔スペイン人による〕例の報告と、何年のことか不確かなレインスブルフへの転住とである（スピノザの現存する一番古い書簡は一六六一年のものである）。まさにこの五年間にスピノザの体系が構築されたのである。というのも、オルデンバーグとの文通が開始された時点では、彼の体系はすでにかなりの程度できあがっているように見えるからである。次のように想定してよかろう。まさにこの五年間に、スピノザは、科学的な知識を吸収し（あるいは吸収しつづけ）、ラテン語世界の教養をマスターし、のちに著わす政治的諸論考に登場するような歴史的・政治的な情報を仕入れたのである、と。彼はデカルト主義的かつ非ユダヤ的な世界と出会い、しばしばそこに顔を出し、そこで出会った多様な思潮に呼応する形で自分独自の体系を練りあげていったのである。

一六六一年五月、デンマークの化学者オラウス・ボルチは、オランダへの旅行中、伝え聞いた話として日誌にこう書いた（スピノザの名前は出ていない）。「アムステルダムには無神論者たちがいる。彼らのうち幾人かはデカルト主義者であり、そのうちの一人はユダヤ系の恥知らずな無神論者である」。彼は一六六二年四月にはファン・デン・エンデンとオランダ語で書かれた一冊の書物（『短論文』かもしれない）に言及している。

オルデンバーグがスピノザを訪問したのは一六六一年七月のことである。彼らは、神、その諸属性、デカルト、ベーコンについて語り合った。八月、彼らは同じ主題について文通を開始する。十月、オルデンバーグはボイルの著作を送付し、スピノザはこれに対する批評を返す（「書簡五」と「書簡六」）。「書簡七」（これには日付がないが、おそらく一六六一年の末のものであろう）においてオルデンバーグはスピノザに、彼の「神学と哲学に関する諸著作」を出版するように要請する。オルデンバーグの質問がデカルトとベーコンの両方に関するものであることは〔この時代に〕特徴的である。なぜなら、両者とも、「新哲学」の運動を代表していたからである。アリストテレスに対抗するこの「新哲学」とは、新しい自然学をめぐる思索を土台として構築されており、また、その理論的知見がその新しい自然学をさらに発展させるはずのものであった。デカルトおよびベーコンによって広められた知的枠組みは、確かに両者のあいだで相違もあったものの、ケプラーやガリレオの力学および天文学の諸概念に合致するものとして受容されていたのである。

一六六三年、スピノザはカセアリウスという名の一学生に教授する。彼はのちに、オランダ植民地で牧師になる人物である。スピノザはある書簡〔「書簡九」〕で、カセアリウスには自分自身の哲学を教えてはおらず（カセアリウスがまだ充分には成熟していないと見たため）、デカルトの哲学を教えている、と述べている。同じ時期、スピノザの友人たちはアムステルダムの会合で、彼の哲学が「幾何学的様式」で書かれたものを読んでは討論を行なった。スピノザがカセアリウスに口述筆記させたテクストはのちに、『デカルトの哲学原理』を編集するさいの土台として用いられることになる（これには付録として『形而上学的思想』が付加される）。スピノザは、この書物の出版によって人びとの注目を惹き、ひいては自分自身の哲学を世に問うことができるようになろう、という希望を隠さなかった。しかし、『デカルトの哲学原理』は成功であると同時に失敗でもあった。というのも、彼は人びとの注目を惹きはしたが、同時に疑いの念もかけられたからである。その証拠として、当時ブレイエンベルフとのあいだに始まった文通がある。彼は商人であると同時に素人神学者であり、『デカルトの哲学原理』を読むことでスピノザに疑念を抱いたのである。ドゥルーズが「悪をめぐる書簡」と呼ぶ書簡の遣り取りは〔両者のあいだの〕次のような溝を示している。それは、新哲学と正々堂々と対決しようとするカルヴァン派神学と新哲学の大胆な解釈とのあいだに口を開けている溝である（ちなみにブレイエンベルフはけっして愚鈍な保守派ではなかった）。後年ブレイエンベルフは『神学・政治論』と『エチカ』の論駁書を刊行することになる。

『デカルトの哲学原理』はスピノザが刊行した最初の著作であるが、彼が初めて執筆した著作だというわけではない。というのも、彼はそれ以前に（一六五九年と一六六二年のあいだであろうか）、他の二つの書をどうやら執筆したと思われるからである。それらは死後発表されることになる。第一は、未完に終わったものでスピノザの友人たちによって遺稿集に収められ、『知性改善論』というタイトルを付されるものである。第二は、十九世紀に『短論文』というタイトルで刊行されるものである。これらの著作（とくに『知性改善論』）の枠組みはデカルト的であるが、それは何もスピノザがデカルトの弟子として議論しているからではなく、そこでの用語・主題（方法論）・問題の一部がデカルト哲学から継承されている、あるいはデカルト哲学と対峙している、からである。したがって、スピノザが当時形成しつつあった哲学は、デカルトを対話者としており、多少とも非正統的なデカルト主義者たち（すなわち現代の評者から「デカルト的スピノザ主義者」とでも呼ばれるような人びと）を読み手とするものであったのである。[1]

（1）テイッセン＝スハウテとフベリング両氏の業績を参照されたい。

X　神学と政治学

非常に早い時期から、スピノザは説教師たちから無神論者と非難された。同様に、ブレイエンベルフも、スピノザとの文通が始まって間もなく、彼を疑いの目で見るようになった。ブレイエンベルフは遥かのちに次のように書く。彼がスピノザと会ったのは一六六五年の一回だけだが、そのときスピノザは彼を前にして、宗教を政治的なものと見なすという説を展開したというのである。一六六五年から一六七〇年のあいだにスピノザと会見したサン＝テヴルモンも、表現は異なるが、次のように想起している。スピノザによると神は〔超自然的ではなく〕自然的な方法で奇跡を起こしたのであり、「〔人びとに〕正義と愛を遵守させるため、また従順を引き出すために、宗教を組織した」。スピノザのこういう立場を知って、激しい行動に出た者もいた。一六六五年、ある牧師の更迭をめぐる討論のさいに、フォールブルフの何人かの住民たちがスピノザを、「全宗教を嘲笑する無神論者にして、共和国にとって有害な人物」として告発したのである。

このような告発がどの程度の効力を発揮しうるかは、アドリアーン・クールバハの裁判から推しはかることができるであろう。『神学・政治論』の執筆がかなり進んでいた一六六八年、スピノザの友人の一人、クールバハが投獄された。それは彼が、自著『闇のなかの光』を寄稿した先の出版者によって告発されたからである（この書物は裁判所の資料室に眠っているのを発見され、二十世紀に初めて公刊された[1]）。確かにその内容は、キリスト教を痛烈に批判するものであったが、注目すべきことに、クールバハを尋問した判事たちは彼に、少なくとも本文作成のアドヴァイスという形でスピノザが関わったことを認めさせようと努めた。クールバハは力を絞ってこれを否定した。結局彼は懲役一〇年の刑に処せられ、翌年獄死する。この事実は、オランダ的寛容の限界を示している。これに似た別の事例が、その数年後に起こる。ある出版者が投獄されるのである。ヨハネス・ドイケリウスの「スピノザ主義的」なモデル小説『フィロパテル伝』を出版したという理由によってである。[2]

（1）参考文献【39】。
（2）この小説とその続篇は参考文献【40】として復刊されている。注意しなければならないのは、クールバハの著作も『フィロパテル伝』もともにオランダ語で刊行されたということである。スピノザが直接的迫害を免れたのは、おそらく彼がラテン語でしか著書を出さなかったからである。『神学・政治論』が庶民の言語〔オランダ語〕に翻訳されつつあることを聞き知ったとき、彼はすぐさまそれに反対している（「書簡四四」）。

スピノザは、こういった批判に直面しながらも思索を発展させつつ、『神学・政治論』の執筆に着手していた。一六六五年の九月あるいは十月、彼はオルデンバーグに、聖書をどのように見ているかについての論考を執筆中であると書き送っている。そこでの説明によると、論考の主題は、〔第一に〕人びとが哲学に専心するのを妨げる神学者たちの偏見を批判すること、また〔第二に〕、スピノザを無神論者と非難する大衆の告発に反論すること、最後に、哲学する自由をあらゆる手立てで擁護することである。ひょっとするとこの書の執筆はもっと早期に始まっていたかもしれない。というのも、一六六〇年代初めにオランダの二人の貴族が交わした文通のなかで、自然法と実定法との関係について論じた「神学的・政治学的な書物」が話題となっているからである（ただし著者の名前は言及されておらず、それゆえ、これがスピノザの著作の最初期のヴァージョンなのか、それとも〔その後〕散逸した同タイトルの文書なのか、わからない）。『神学・政治論』は一六七〇年、ヤン・リューウェルツ書店から出版された。リューウェルツは、過激分子の書物を一手に引き受ける出版者であった。発行場所は偽られ（ハンブルクとなっていた）、もちろん匿名出版である。『デカルトの哲学原理』の場合と同様、今度の著作も、成功であると同時に失敗であったが、前回よりもスケールが大きかった。成功面は、この書物が瞬く間にヨーロッパ中からの反響を得たということである。失敗面は、神学者に対して自己弁護するという目論見からすると、むしろ逆効果だったということである。間髪をいれず告発や反駁が巻き起こった。しかもそれは伝統的神学の古色蒼然たる支持者からだけではなかった。ランベルト・ファン・フェルトホイセンはみずから新哲学の擁護者であり、ホッブズ思想をオランダに紹介した人物であったが、彼はスピノザとの共通の友人、ヤコブ・オーステンスに対して、スピノザを無神論者と見なす書簡を書いた（これは実質的にはスピノザに読ませるための書簡である）。スピノザはオーステンス経由で、熱っぽく返答した。すなわち、無神論かどうかは哲学的立場の問題というよりも、スピノザに言わせれば、倫理的な行為の問題であり、彼の行為は無神論ではない、という返答である。のちに、スピノザはこの往復書簡を重要視し、一六七五年に『神学・政治論』の改訂版を計画したとき、その時点ですでに知己となっていたフェルトホイセンに、その往復書簡を〔補遺として〕印刷する許可を求めたほどである。オルデンバーグは、長らく絶えていたスピノザとの文通を一六七五年に再開し、『神学・政治論』に関する質問を彼に激しくぶつけた。さまざまな論争は文通以外の形でも行なわれた。誹謗や告発が相次いだ。ライプニッツはヤーコプ・トマージウスに『神学・政治論』を批判するように提言し、またみずからも、当時計画していた『カトリックの論証』に一批判を挿入しようと考えていた。また〔フランス人哲学者〕ユエは、一六七六年に『神学・政治論』の批判書を計画する。スピノザはわれわれに伝わっている最後の書簡〔「書簡八三」〕のなかで、ユエのその批判書のことを心配している。

一六七二年、オランダの情勢が一変する。フランスのコンデ公の軍隊が侵攻してきたのである。彼らは、オラーニェ公ウィレム〔三世〕が状況を安定させるまで、緒戦において連勝を重ねた。フランス側が目論んだのは、オランダ人をプロテスタントの同盟国から切り離すことであり、そのためにオランダ人の宗教的評判を貶めることであった。コンデ公の側近であるカルヴァン派のストゥープ中佐は、『オランダ人の宗教』という誹謗文書を出版する任を負う。その書で彼は、オランダが宗教の教義や規律という点で放任主義に陥っているということを論証できると主張する。その論拠の一つは、東インド会社が、キリスト教を敵視する日本という帝国との通商を可能にするため、かの地でのいっさいの布教活動、それどころかキリスト教信仰を示すいっさいの外見を禁止している、という事実である（これはスピノザがすでに『神学・政治論』で引き合いに出している事例でもある）。他の論拠は、オランダの牧師たちが、不敬なスピノザという輩について、論難するわけでも対抗手段を企てるわけでもなく、自由に泳がせている、ということである。このようにスピノザは、心ならずも、宗教に迫る危険度の指標にされていたのである。

これらの集中攻撃とその激しさをどう解釈すればよいであろうか。それらを〔思想上の〕殉教者に対するものとして片づけるのは容易《たやす》い。また、啓蒙主義が惹き起こす最初の論争と見なすことも簡単である。しかし、スピノザを他のデカルト主義者からどのように区別すればよいのであろうか。また、スピノザ以前に、「モーセ五書」の著者がモーセであることを疑問視し、〔『旧約聖書』のテクストに〕母音符[1]が付けられた時代について疑い、教会を執政官の管理下に置くことの必要性を訴えた人物たちからどう区別すればよいのであろうか。ましてや、スピノザの批判者たちは反動的で無教養な人間のみではない。批判の大合唱のなかには、デカルト主義者（マンスフェルト）もいれば、新哲学の擁護者（フェルトホイセン、ライプニッツ）もおり、さらにコレギアント派（ブレーデンブルフ）もいる。

（1）『旧約聖書』はヘブライ語で記されたが、ヘブライ語は元来子音文字のみからなる。そのためいろいろな意味に読みうる余地がでてくる。それを避けるために、母音符をつけることが考案されるようになった。スピノザは『神学・政治論』の中で、「ヘブライ語における曖昧性」の原因の一つとして、ヘブライ人たちが母音文字をもたなかったことをあげ、その欠陥は母音符によって補われているとしながらも、次のように指摘している。「しかしわれわれはこれに充分の信を置くことはできない。なぜならそれはずっと後世の人びと――われわれにとって何らの権威に価しない後世の人びと――によって創始され採用されたものなのであるから。」（第七章）〔訳注〕。

おそらく最初に検討すべきなのは、スピノザの書物が危機に陥れた知的なバランスであろう。すなわち、批判者たちの観点からすると、スピノザの書物は、最も「近代的」なカルヴァン主義とデカルト主義的スコラ学とのあいだに暗黙のうちに架橋された同盟関係を揺るがすものだったのである。また、スピノザの共和主義は、政治の基礎を人間の感情へと還元させることで、伝統的な社会契約論よりも過激な帰結をもたらすものであった。したがって、スピノザを論駁することは、自分とスピノザとのあいだに一線をひくために、また、暗々裏にスピノザ思想へと逢着する〔危険〕思想を抱いているという罪ゆえに告発されないために、重要なことであった。スピノザはこのことを次のように述べている。「私に好意を持っていると疑われている愚かなデカルト主義者たちが、この疑いを取り去ろうとして、私の意見や著作を絶えず罵倒し、今も罵倒することを止めません」（「書簡六八」）。したがって、批判者は単に「あちら側」の人間のみではなく、共謀の疑いを振り払わねばならない「こちら側」の人間でもあったのである。

状況がこういう微妙なものであることを示す事例を、〔フランス軍の指揮官〕コンデ公による〔スピノザの〕招待に見ることができる。両者のあいだを取りもったのはストゥープ中佐である。一六七三年スピノザがフランス軍宿営地に到着すると、コンデ公は不在だったが、同じ時フェルトホイセンが来ていた。スピノザはコンデ公の士官たちと議論した。『神学・政治論』の著者の名前はコンデ公の取り巻きには知られていたに違いなく、彼の評判はリベラルな彼らの興味を惹いていたはずである。ストゥープ、フェルトホイセン、スピノザという三者は、表向きには敵対関係にあったが、膝つき合わせて話し合うこともできた。[1]逆にいえば、多くの改革者は差し迫った状況ゆえに、突っ走るか妥協するかのどちらかを選ばざるをえなかった。この選択の厳しさが論争の激しさの理由なのである。

（1）『オランダ人の真の宗教』によってストゥープを反駁したブラン牧師は、〔同書で〕躊躇せずこのことを指摘している。

XI 晩年

デ・ウィットが失脚し、オラーニェ派が権力を手中にしたことによって、スピノザは窮地に陥った。もしかすると彼は、オランダ以上に寛容な国が見つかればそこに移り住むことも考えたのかもしれない。フィレンツェ・アカデミーの書記官であったマガロッティがのちに報告するところによると、『神学・政治論』の著者が彼に、トスカナ公国に居住することが可能かどうか問い合わせてきたとされる。この逸話が本当ならば、おそらくスピノザは公国を、マキアヴェッリの時代にそうでありえたごとく自由な思索が許されている場所と見なしていたのであろう。しかし状況はすでに変わっており、コジモ・デ・メディチ〔コジモ三世〕の支配によって公国は蒙昧主義の巣窟と化していた。

また、プファルツ選帝侯が一六七三年、顧問官である神学者ファブリツィウスにスピノザへの書簡を書かせ、ハイデルベルク大学に招聘する意図があることを伝えたとき、スピノザは、確かに、宗教的制約のもとでみずからの自由を手放したくないという理由で断わった（ファブリツィウスはこの招聘に反対であり、拒絶を引き出すような仕方で招聘状を書いた）。しかし、彼は〔返答の〕書簡を、「私はかねて、万人がその聡明を賛美するような君公の治下に生活するのを望んでいました」という文言で書きはじめている（「書簡四八」）。確かにスピノザはオランダを一度も離れなかったが、それはおそらく、離れたくなかったからというわけではない。すでに一六五九年、彼はアムステルダムで会見した二人のスペイン人に対し、スペインに行きたい旨をはっきり伝えたと思われる。当時のこの希望は、自分がその文化的影響のもとで育った国を見てみたいという気持ちにすぎなかったのかもしれないが、〔オランダ共和制の崩壊という〕一六七二年の事件ののちは、政治的な理由から、彼にとってオランダという土地はおそらく危険度を増していたのであろう。彼が国外に出なかったとしても、それは何よりも、オランダの自由が、急に締め付けが厳しくなってきたとはいえ、ヨーロッパの他のどことくらべても依然ましであったからなのである。

スピノザの知人がヨーロッパの政治に関与するという出来事も起こった。一六七四年、パリに転住し新しい学校を開いていたファン・デン・エンデンが、ルイ十四世に対する奇妙な陰謀に関わった。ロアンの騎士〔ルイ・ド・ロアン〕およびラトレオーモン伯爵との共謀である。陰謀の青写真は、西部諸州を王に対して蜂起させ、オランダ海軍の援助を取り付け、共和国を建設することであった。密告ゆえに計画は失敗し、陰謀の加担者たちは処刑された(1)。

(1)〔十九世紀のフランス人作家〕ユージェーヌ・シューは、この事件から小説『ラトレオーモン』の筋立てを着想することになる。そして、『マルドロールの歌』の作者〔詩人ロートレアモン〕のペンネームは、シューのこの小説の題名に由来するのである。

一六七五年、スピノザは『エチカ』の出版を試みるが、結局断念する。「私がそのことに携わっているあいだに、私が神に関する一書を印刷に付していてそのなかで神の存在しないことを証明しようとしているという噂がいたるところに広まりました」(「書簡六八」)。〔『エチカ』出版の代わりに〕彼は『国家論』の執筆を企て、どうやらこの仕事が彼の人生の最後の二年間を占めることになる。

この二年間、すでに見たように、彼は『神学・政治論』の改訂版を出すことも考えた。彼は注釈を作成し、そのうちのいくつかを、〔一六七六年七月〕彼のもとに立ち寄ったある博学の人物(1)に託した。また改訂版には、フェルトホイセンと交わした議論も追加したいと考えた。他方、彼は新しい弟子たちとの議論も続けた。すなわち、シュラーおよびチルンハウスとの、数学および自然学に関する議論である。それを見る限り、スピノザが、『エチカ』第一部・第二部において扱った諸問題のなかのいくつかについて、さらに詳細に検討する努力を行なっていることがわかる。

(1) デン・ハーフ在住のクレフマンという人物である〔訳注〕。

一六七七年二月、おそらく肺結核のため、スピノザは死んだ。ローデウェイク・マイエルが彼の原稿をアムステルダムに運んだ。おそらく友人たちは、遺稿集のラテン語版とオランダ語版の出版を準備するためにその年いっぱいをかけて作業したのだろう。これらは十二月に出版された(1)。

(1) 参考文献【41】を参照されたい。

XII スピノザの教養

スピノザ主義の「源泉」を推しはかろうとするよりも、彼が自分の作品を構築するさいの素材となったものを見極めるほうがよい。彼はどのような言語で物事を知ることができたのであろうか。スピノザが最初に習得したのはポルトガル語とスペイン語である。ユダヤ教育を通して、ヘブライ語とアラム語は相当程度身に付けた。このことは彼の『ヘブライ語文法綱要』と『神学・政治論』における〔旧約聖書の〕分析とを見ればわかる。オランダ語は、非ユダヤ人の知人と意見交換するために知っておかねばならなかったので、ユダヤ人共同体をひとたび飛び出すや次第に上達したはずである。しかし、学問的な議論のさい使う言語となったのはラテン語である。英語を知らないことを彼ははっきりと認めており(ボイルの文章はラテン語訳でしか読めなかった、と「書簡二六」で言っている)、蔵書には英語の書物もドイツ語の書物も一冊もなかった。フランス語とイタリア語は、読むことはできたはずだが、これらの言語で書かれた著作の場合、より得意な言語への翻訳を見つけることができたときは、そちらのほうを読んだ。たとえば、『ポールロワイヤル論理学』はフランス語で読んだが、デカルトのフランス語著作はラテン語訳とオランダ語訳で、カルヴァンの『キリスト教綱要』はスペイン語訳で、マキアヴェッリはイタリア語で読んだがレオーネ・エブレオの『愛の対話』はスペイン語訳で読んだ、という具合に。

本来的な意味での教養ということになると、典拠が明示された数少ない引用をたよりに推しはかることができる。また往復書簡は、スピノザの教養のさまざまな側面をわれわれに垣間見せてくれるかけがえのない資料として価値がある。同様に、スピノザが挙げる具体例や参照箇所、さらには典拠を明示しない引用も参考になる。また蔵書目録を調べることもできるが、この場合は慎重さが必要である。なぜならば、人は、すべての蔵書を必ずしも読むわけではないし、また蔵書にはない本も読むからであり（とりわけ書物が高価な時代には）、また、同じく読んだとはいっても書物によって活用の程度が異なるからである。〔以上のような仕方でスピノザの教養を推しはかると〕いくつもの層が見えてくる。そしてそれらは部分的に影響しあうものである。

ユダヤ的教養には三つの層がある。聖書の層、タルムードの層、哲学の層（マイモニデスとハスダイ・クレスカスの哲学）である。彼はカバラを軽視したし、おおかたの注釈者にはほとんど見向きもしなかった（これはキリスト教徒の注釈者も含めての話であり、彼が蔵書中に有し活用した唯一のキリスト教注釈書は、イエズス会士ペレイラによる『ダニエル書注釈』である）。タルムード諸書についての彼の知識は限られており、しばしば間接的なものに思われる。彼にとっての偉大なユダヤ文献は聖書である。聖書こそが彼の教養の素地であり、彼は聖書を研究し、その中身を評価し、そこに歴史上の事例や参照を求めることになる。彼はとくにいくつかの挿話に魅了されているように見える（たとえば、モーセによる国家建設やイェルサレム神殿の破壊）。このような聖書的教養には、彼が用いる聖書の欄外注で取りあげられていた幾人かの注釈者による知識も含まれる（彼が最大の賛意とともに引用する注釈者はイブン・エズラである）。彼はまた、ユダヤ人によって出版されたスペイン語訳聖書（フェッラーラの聖書）と、ユニウスとトレメッリウスのプロテスタント版ラテン語訳聖書も所有していた。しかしウルガタ版聖書は有しておらず、一度も参照することがなかった。これは充分納得の行くことである。なぜなら、彼が意識していたキリスト教徒はカルヴァン派であり、カトリックではなかったからである。[1]

（1）しかし逆に、スピノザ周辺には一群のカトリック教徒、とくにカトリックへの改宗者がいた。たとえば、ステノとアルベルト・ブルフである。彼らはスピノザをカトリックにしようと躍起であった。また、スピノザとジャンセニスムとを繋ぐルートもあった。すなわち、オランダの使徒座代理区長ネールカッセルである。

次にスペイン的な教養を見てみよう。スピノザは、ゴンコラ、ケベド、グラシアンの著作、セルバンテスの『模範小説集』、ペレス・デ・モンタルバンの喜劇、ピント・デルガードの『女王エステルの詩』を所有していた。この最後の著作は、マラーノの空想世界のなかで大きな役割を果たした（というのも、この聖書風物語では、一人のユダヤ人女性が、自分の宗教を隠しつつペルシア王の宮廷に暮らしている姿が描かれているからである）。歴史と政治学に関しては、サーベドラ・ファハルドの『ゴート族の王冠』、アントニオ・ペレスの『著作集』がある。ペレスはフェリペ二世の重臣だったが、王と対立した。スピノザの『国家論』のいくつかの箇所にはこの『著作集』からの影響が見られる。

スピノザが所有していた辞書のうち、単一言語で書かれたものはスペイン語辞典の一冊だけである。このことから、彼が他の言語を読むときに土台となった言語はスペイン語であったろうと思われる。ブレイエンベルフ宛書簡でスピノザは、オランダ語で書かねばならないことの苦労を漏らしている。「あなたへの手紙を書くために、私が受けた教育によって慣れ親しんだ言語を使うことができればよかったのですが。なぜならそのほうが私の思想をもっとうまく表現できたでしょうから」（「書簡一九」）。一六七三年、彼の家主ファン・デル・スペイクが、スペイン出身の役人を相手に公正証書を作成する破目に陥ったとき、彼はスピノザに証人として立ち会ってもらった。またスピノザは、一六六六年に出版された匿名のフランス語著作『スペインの旅』を購入してもいる。〔以上のような〕スペイン的・バロック的文脈がスピノザの思想のいくつかの側面に光をあてる、ということが今ではわかっている。もっともそれは、そのような文脈が彼の思想に直接的に影響したという意味ではなく、そのような文脈によってスピノザがある〔スペイン的な〕知的枠組みに向き合うことができたという意味においてである。(1)

（1）参考文献【42】【43】【44】【45】を参照されたい。

ラテン的教養を見てみよう。歴史家としてはティトゥス・リウィウス、カエサル、サルスティウス、タキトゥス、クイントゥス・クルティウスが挙げられる。また蔵書には、アリアヌスとヨセフスのラテン語訳があった。詩人としては、マルティアリス、オウィディウス、ウェルギリウス、喜劇作家としてはプラウトゥス、テレンティウスが挙げられる。さらにまた、キケロやセネカの書簡、および〔ペトロニウスの〕『サテュリコン』も挙げられる。これらのうちにスピノザは、人間本性に共通する行動様式についての歴史的な事例や鮮やかな記述を探したのである。しかし、〔スピノザに〕ローマに対する礼賛があったとはいえない。逆に、ローマの政治について彼が語るほとんどすべてのことがらはきっぱりと否定的なものである。肯定的に語られているものは、共和制や帝政の指標〔としてのローマ〕ではなくむしろラテン的教養である。スピノザが書いたラテン語は、彼の同時代人のそれと同様に「新ラテン語」であり、同時代人にくらべて構文は単純であり、語彙も限定的であった。とはいっても、彼のラテン語は表現力が豊かで論証も明晰である。彼の〔ラテン語の〕テクストのなかには、さまざまな文体があれこれ現われるのを見て取ることができる。すなわち、数学的な命題や事例についての単調な議論から、皮肉や憤慨を表わす修辞学的な決まり文句に至るまでのさまざまな文体である。

歴史的教養について見てみよう。スピノザのそれは、古典ラテン語の歴史家の読書に限られず、近代の歴史家やモラリストたちをも含んでいる。スピノザの文章には、宗教改革という危機の時代、ルイ十四世のフランス、イギリス革命、そしてもちろんオランダの過去と現在から採られた事例が登場する。スピノザはみずからをオランダ市民と見なしている。確かに彼はオランダを三人称的に語る場合もあるが、他方『書簡集』では、「われわれの政府」と述べることもあるし、『神学・政治論』の最初と最後では、祖国の執政官の決定に従う意志があることを宣言してもいる。ちなみに、『神学・政治論』の末尾には、「自由都市アムステルダム」という象徴的な表現が登場する（書物が「エレウテロポリス〔ギリシア語で自由都市の意味〕」で出版されているところを想像させるためである）。

科学的教養について見てみよう。スピノザが数学と自然学について（実質的な）知識を持っていたというのはこれまで大いに強調されてきたことである。彼は、デカルトやホイヘンス、ライプニッツとは異なり、科学的発見をみずから行なうことはなかったが、同時代の科学には通じており、その足取りと成果について考察したというわけである。[1] しかし、このことを認めたとしても、しばしばわれわれは、これとは別の次の二点を見失いがちである。すなわち〔第一に〕、医学関係の書物が彼の蔵書のかなりの部分を占め、彼は多くの医学者のもとを訪ねており、『書簡集』でも医学について多くを語り、『エチカ』第二部の

「自然学的付論」の諸要請がまさに生命体の特殊性を描き出す試みであるように思われる、ということである[2]。第二に、彼は、こんにちなら言語学と呼ばれるような分野に関心を持っていたということである。すなわち文法学、そして修辞学と解釈学である（彼の『ヘブライ語文法綱要』はラテン語論を含むところの多角的な比較文法学であるし、『神学・政治論』には修辞学と解釈学が見られる）。

（1）参考文献【46】【47】を参照されたい。

（2）参考文献【48】を参照されたい。

教養を評価するためには、その教養の限界を見定めるのがよい手段となる。スピノザの教養には何が欠けているのか。第一に、ギリシア語が欠けている。彼はギリシア語の無知を告白しているし、聖書のテクストを論じるときも、実際のところ、七十人訳（旧約聖書のギリシア語訳）を一度も引用していない。新約聖書を扱わねばならないときはアラム語訳をもとに論じており、彼はアラム語訳が新約聖書の原典であると（間違って）信じているふしがある。彼はギリシアの古典に言及することが一度もない。プラトン、アリストテレス、ストア派たちについては、大抵の場合、二次文献が引用されているか、ラテン語テクストや教科書をもとに知識が仕入れられている（アリストテレスの正確な引用はただ一度であり、しかも出典は間違っている）。スピノザの歴史的参照に登場する唯一のギリシア人はアレクサンドロス大王とその御付きの者たちであるが、それもラテン語の歴史家であるクィントゥス・クルティウスに依拠しているのである。

第二に、デカルトを除けば、哲学が欠けている。これまで人びとは、スピノザ主義をプラトン主義、懐疑主義、ストア主義と比較することに打ち込んできたし、ときにはそうすることで何かを学びもした。しかし、スピノザには具体的テクストへの参照が欠けている。彼がタレスについて話すとき、それは逸話に言及するためであって、タレスの教説を復元するためではない〔「書簡四四」〕。しかし、彼が一つの哲学の正確な内容ではなく複数の哲学のあいだの対立に言及しているという箇所はある。すなわち「フーホー・ボクセル宛書簡」〔「書簡五六」〕において彼は、エピクロスおよびデモクリトスをプラトンおよびアリストテレスに対比させているのである。このように、スピノザにとって哲学的伝統は、過去の教説の集成としてよりもむしろ諸対立の記録として価値がある。要するに、次のように言ってよさそうである。スピノザは、人間本性を認識するためには、専門的哲学者たちの体系よりもむしろ文学や歴史に信頼を置いていた、と。

しかしながら、スピノザにとって文学がそのような〔重要な〕役割を果たしていたからこそ、最後に、もう一つの欠如に言及せざるをえない。それはオランダ文学の欠如である。オランダ文学は当時「黄金時代」を迎えており、彼の友人の何人かはそこで決定的な役割を果たしたという意味でも、この欠如には注目せざるをえない。スピノザは、ラテン語の古典以外の韻文や戯曲を読みたいときには、周りを取り囲む人びとのほうにではなくイベリア半島のほうに目を向けたのである。そのような人びとのなかの学者や政治家の書いたものならば読み、また彼らと交流していたにもかかわらず、である。

XIII 熱狂と伝説

初期の伝記作家から現代の読者に至るまでの人びとにおいて——そしてときにはスピノザを読んだこと

がない人びとにおいてさえ――スピノザという人物が惹き起こす肯定的そして否定的な熱狂は驚くべきものである。これはすべての哲学者に当てはまることではない。カントやアリストテレスはそのような熱狂をほとんど惹き起こしはしなかった。この熱狂はスピノザを語るさいの語り口によって表現されるだけではなく、伝記に接木されるもろもろの伝説においても表現されている。語り口の実例としては、憎しみのみならず、戦闘的な熱狂もある〔リュカスの伝記は、後者の初期の一事例である〕。

伝説の実例を見てみよう。『メナージュ論集』[1]によって語られている「スピノザはパリで死んだ」という伝説。スピノザはオランダの領土を離れることは一度もなかったので、この伝説は明らかに、ファン・デン・エンデンの運命との混同によって拵えられたものである。また、「ウリエル・ダ・コスタと個人的関係があった」という伝説。これは十九世紀の有名な絵画の題材となり、またベルトルト・アウエルバッハの小説のなかでは、スピノザがウリエルの埋葬に立ち会ったことになっている。あるいは、「ヤン・デ・ウィットと交友があった」という伝説。実際のところは、これら両方との人間関係についてわれわれはいかなる証拠も持ち合わせてはいない。スピノザはウリエルが自殺したときには八歳だった。デ・ウィットに関していえば、〔レイデン大学の古典学者〕グロノヴィウスの〔日記のなかの〕記述を読む限り、法律顧問であった彼はむしろスピノザとの会見を拒否したと考えたほうがよい。

(1) 一六九三年にパリで出版された文法学者ジル・メナージュによる覚書集〔死後出版〕〔訳注〕。

次に挙げるもろもろのことがらも、おそらく伝説あるいは少なくとも疑わしい事実のカテゴリーに入れるべきであろう。まずは「ファン・デン・エンデンの娘クララ・マリアに対する愛」。これは、コレルスが、自分がよく知らない時代のスピノザについてそう語っているだけであり、ほかに証拠はなく、また当時クララ・マリアは十二歳であった。「劇場から出たときに狂信的なユダヤ教徒にナイフで襲われた」ということ。「ラビたちがアムステルダム市当局に告発したためにスピノザが市から退去しなければならなくなった」ということ。これについては古文書にいかなる記録も残っていない。しかし、最も根強い伝説は、「スピノザは禁欲的かつ孤独な世捨て人であった」というものである。なぜこれが最も根強い伝説かといえば、多くの哲人伝の根底に隠れている賢者のイメージに合致しているからである。われわれは少なくともメインスマ以来、次のことを知っている。すなわち、スピノザは、確かに名誉や争いを求めなかったが(「書簡六九」には「私の敵のうちの誰かを論駁しようなどということを私は考えたこともありません」とある)、彼は、友人、弟子、文通相手からなる人脈の中心にいたのである。このことはまさに、スピノザが自著の各々において、人間同士のさまざまな関係を、個体の定義そのものの核心に据えているという事態から予期できることがらでもある。禁欲主義に関していえば、それを節度と混同してはならない(スピノザが節度ある人物であったことは、コレルスおよびリュカスによって証言されている)。なぜならば『エチカ』には次のように書かれているからである。「ほどよくとられた味のよい食物および飲料によって、さらにまた芳香、緑なす植物の快い美、装飾、音楽、運動競技、演劇、そのほか他人を害することなしに各人の利用しうるこの種のことがらによって、みずからを爽快にし元気づけることは、賢者にふさわしいのである」(第四部定理四五備考)。

第二章　著作

スピノザの著作の数は一桁である。ほとんどは未完である。ほとんどは、著者が没した時点では未公刊であった。結局のところ、完結したものとして実際に出版されたのは『神学・政治論』のみである。『デカルトの哲学原理』は確かに出版されはしたが、第三部の初めのところで中断している。『エチカ』は完結しているが、しかしスピノザは生前その発表を断念したし、また注釈者たちが四苦八苦して証拠探しをしているところによると、『エチカ』には最後の仕上げが欠けている。折に触れスピノザは、時間が足りないと嘆いた。それは、内容を整理して最高の明晰さに達するための時間が足りないという意味であったろうか。『神学・政治論』はなるほど完結しているが、改訂版が出る運びとはならなかった。「私は自分の論考のやや不明ないくつかの箇所を覚え書によって解説しようと意図していました」と、スピノザはフェルトホイセンに書いている。[1] どうやら〔個々の著作の〕曖昧さを完全に排するための戦いはけっして終らなかったようである。それを証明するのは単に『神学・政治論』に付された覚え書のみではない。『知性改善論』に付されたメモや、『短論文』を秩序立てるための一連の数字、『書簡集』の書き加えや書き直しなどもそうである。哲学というものは必然的に難解になるものだという御なじみの空論とは逆に、スピノザにとって著述という作業は最高度の明晰性を不断に追求することだったのである。

（1）また、スピノザは〔現存する〕最後の書簡においてチルンハウスに次のように述べている。「しかし、この問題については、もし私に命がありましたら、たぶんそのうち、もっと明瞭に貴下とお話しできるでしょう。今までのところ私は、これについてまだ何も順序立てて書く機会がありませんでしたから」（「書簡八三」）。

I 『知性改善論』

「何年も前に著者によって書かれた」と、一六七七年の版〔遺稿集〕の前書きはわれわれに伝える。彼は「これを書き終えようとつねに心がけていたが、他の仕事に妨げられ、またついには死に連れ去られて、これを望み通りの終結に至らしめることができなかった」。ラテン語のタイトル「デー・インテレクトゥース・エメンダティオーネ」は、「知性の改善」という伝統的な訳語の意味をまったく有してはいない。なぜならば「エメンダティオ」というのはむしろ文献の訂正を指し示す言葉だからである。

テクストは一人称の語りで始まる。これは、〔デカルトの〕『方法序説』や『省察』のあとでは奇異なことではない。しかし、語調そのものと著作の種類は別である。語り手は、経験が彼に「生活において通常見られるもののすべてが空虚で無価値である」ことを教えた経緯、また、それゆえに「ひとたび発見され獲得されたからには、不断最高の喜びを永遠に享受することをその人に可能とする」ような真なる善の探求を開始した経緯を物語る。確実な善――すなわち、日常生活における善――を、不確実な善のために失うのではないかという恐れゆえに躊躇《ためら》ったのちに、彼は、本性上の確実性と獲得に関する確実性とを区別しなければならないことを確信する。このとき彼は、善・悪は、完全・不完全と同じく、相対的な区別にすぎないということを指摘するが、しかし、〔相対的であるとして〕自分が批判したばかりの〔善という〕この概念を、すぐさま手段の意味において復活させる（これはスピノザの全著作において見出される手順である）。すなわち、われわれは、現に存在する人間本性よりも完全な人間本性を思念しうるのであり、そのような人間本性に近づくことを可能ならしめるあらゆるものを真の善と呼ぶわけである。語り手にとっての最高善とは、そのような本性を享受することに存する（そしてスピノザは、可能ならば他者とともに〔享受すること〕、ときっぱりと述べている）。これを遂げるためには、「知性を矯正し、できるだけ初めにこれを浄化して、その結果、知性が事物を首尾よく、誤りなしに、そしてできるだけ正しく理解するようにしなければならない」のである。われわれはこの時点で、次のことに気づく。すなわち、最初は倫理学的な言葉によって表現されていた探求が、ついには、認識論的なプログラムをみずからに課す、ということである。このプログラムは、語り手によってこんにちまで用いられてきた「知覚様式」の検討として実行される（『エチカ』など）のちのテクストでは「認識の種類」という表現が使われることになる）。それらの様式のうちどれが、〔知性を矯正するという〕目下の計画にとって最も適合しているかが選択されることになるのである。それらの様式は四つある。〔第一に〕伝聞あるいは記号に基づく知覚。〔第二に〕漠然とした経験。〔第三に〕結果から原因へと至る――あるいは「つねに何らかの特性を伴っているある普遍的な概念から結論がなされる」――真ではあるが非十全な知覚。〔第四の様式として〕最後に、事物がその本質あるいはその原因によって知覚されるところの十全な知覚。この第四番目の知覚のみが、われわれを目的へと真に導いてくれることができるのであり、それゆえ、とりわけこの知覚を用いなければならないことになるのである。このような長い序論（一節〜四九節）の最後に現われる問題は、したがって次のようなもの――すなわち、われわれにとって必要なものをそのような〔第四の〕様式によって認識するための途および方法はいかなるものであろうか――という問題である。序論ののち、この論考は「方法に関する第一部」と「方法に関する第二部」に分かれる（論考が未完なので、第二部は途中で切れている）。

話を先に進める前にわれわれは、自分たちが『エチカ』の世界に対してどのような位置関係に立っているかを確認しておかなければならない。すなわち、いくつかの主題に関してはどの程度まで近く、論の進め方に関してはどの程度まで遠いか、という位置関係である。認識の種類の類型論、真と十全の区別、善・悪の相対性――こういった思想は、どれもこれも、スピノザ哲学の不可欠の部分をなしている。しかし同時に、これらの思想は、「語り手が真理を発見する」という論理、すなわち『エチカ』とは異なる論理に従って構成されている。それゆえ、個々の主題は〔『エチカ』とは〕異なる仕方で導入されている。たとえば「知覚の諸様式」は、それらの産出過程の分析という仕方ではなく〔過去の経験の〕想起という仕方で描写されている。また（その一部分が『エチカ』では第二種の認識として位置づけられるところの）第三の様式は、十全ではないが真とされているが、〔十全ではないが真という〕このことは最終的形態におけるスピノザ哲学では意味をなさない。さらにまた善は、個体を統べる〔自己保存の〕自然法則をもとに考えられてはいない。――〔『知性改善論』と『エチカ』とで〕このような具合に論理が異なっているのは、〔想定されている〕読者が違うからである、と考えることができる。というのも、『知性改善論』はおそらくデカルト主義者のために書かれており（ここでの「デカルト主義者」は広義のそれであり、ベーコンやデカルト、場合によってはホッブズをも区別しない意味での「新哲学」に立っている読者ということである）、彼らの陣営に属しており、さらには、彼らに特有の言語によって書かれている。スピノザ自身、そういった諸概念に依拠しつつ研究することでみずからの学説を練りあげたのである。

しかし、主題の導入や描写が異なる、ということ以外にも、もう一つ重要なことがある。それは、営まれている哲学的論法が『エチカ』と同じタイプのものではない、ということである。たとえば『短論文』では、のちに『エチカ』へと引き継がれる構造が見出されるが、『知性改善論』では、まったく別のことがらが問題となっている。設定されている問題そのものが異なるのである。スピノザはそのことをはっきりとこう言う。「私はここで、各々の知覚の本質を論じてこれをその最近原因によって説明しようとするのでないことをことわっておきたい。なぜならば、それは哲学に属することであるからである。私はただ方法が要求するところ、すなわち虚構された知覚、虚偽の知覚、疑わしい知覚に関することがらのみを論じるにとどめる」〔五一節〕。ここで「哲学」として言及されているのは、おそらく、スピノザが書くことを計画していた〔あるいは書きはじめていたかもしれない〕、のちに『エチカ』となる書物のことである。それはまた、事物をその原因によって説明する領域であって、これは方法論とは区別されるものである。

スピノザは議論の途中で無限背進という問題に遭遇した、ということに注意せねばならない。というのも、スピノザは次のような反論――すなわち、真理を見出すためにもしも方法が必要ならば、その場合、その方法を見出すための別の方法が必要であり、このようにして無限に続くではないか、という反論――を想定するのである。もしも反論が正しいならば、人はいかなる認識にも達することがけっしてできないであろう。なぜならば、〔認識の〕プロセスはけっして始まることがないであろうから。このような反論が有効なのは、われわれが最初の段階で真なる観念を何ら持ち合わせておらず、ただ外的な方法のみが真なる観念をわれわれに与えることができる、と前提する場合のみである。ところが、われわれは無から出発するのではない。「知性は生得の力をもって、みずからのために知的道具を作り、これから他の知的行動を果たす新しい力を得て、さらにこれらの行動から新しい道具、すなわちいっそう探求を進める能力を得る」（三一節）。したがって、方法とは、知性の自発的な活動を改善・改良することである。そして、一つの事例（これは人文主義の伝統に由来し、ベーコンも用いた事例である）がこのことを理解させてくれる。すなわち、先ほどのような反論を用いれば、鉄を鍛えるためには道具が必要であり、その道具を鍛えるためにはさらに他の道具が必要であり〔このように永遠に続く〕、と主張できることになってしまうのである。しかし実際には、人間はまず初めに、みずからの生得の道具（すなわち身体およびその所作）によって初歩的な道具を作ったのであって、方法および真の観念についてもこれと同様のことが成り立つのである。

方法の第一部（五〇～九〇節）〔の要点〕は、真なる観念を、それと対立的な三つのタイプの観念――すなわち虚構された観念、虚偽の観念、疑わしい観念――とつき合わせることにある。そのさい参照点の役割を果たしているのは虚構された観念である（他の二つの観念は虚構された観念との関係によってのみ定義されている）。このことは、真理を単に虚偽との対立関係によって捉えることはもはや不可能である、ということを意味している。これもまた、スピノザがその後一貫して保持しつづける立場である。ただし、「真理と対立する」大きな括りとして挙げられるのはここでは虚構であるが、のちにスピノザが『エチカ』などで」認識の産出という観点から論じるときには、それは表象に置き換わる。なおこの第一部の最後には、記憶と言語に関する考察が加えられている（八八～八九節）。

方法の第二部（九一～一一〇節）では、定義および証明とは何かが論じられている。その目的は、知性の能力を発展させることである。すなわち、明晰・判明な観念を抱き、それらを、われわれの精神が自然の〔因果的〕連結を可能な限り再現するような仕方で連結するということである。著作は、知性のもろもろの特質を描写するところで中断している。

以上のように、この書物のキーワードは、知性〔ラテン語でインテレクトゥス〕である。プロローグの語りがたどり着くところ、それは知性なのである。もっとも、プロローグが始まったときは、アニムスおよびメンスというラテン語が用いられていた。これらは魂と精神のこと、すなわち、生活の諸事に悩みもすれば日常的な善を楽しみもする心的機能のことである。〔『知性改善論』という〕この語りの離れ業は、ほかでもない、魂および精神という心的機能の不確実性や誤謬を、知性の生産的な力へと導くという点に存したのである。この論考を著わしている「私」に関していえば、それはこれらの諸機能へと分散しているように見えるし、「私」の統一性は、〔デカルトの場合のように認識の〕基礎としての性格を担うものではなく、むしろ、〔諸機能のうちの〕一方から他方への移行を支えるものなのである。真の思惟の形相は「知性の能力および本性そのものに依存しなければならない」（七一節）のであって、〔たとえば第一部の最後で扱われる〕記憶の研究とは、知性によって強化される記憶と知性なしに強化される記憶とを区別することである。〔記憶に関連して〕表象が論じられるのはまさに知性との対比のもとにおいてである。「表象とは、ただそれが知性と異なるあるものであり、それによって精神が受動の関係におかれるものでさえあれば、人びとの欲するままに解して差しつかえない」（八四節）。また、〔同じく第一部で〕言語が扱われるのも、知性と表象とがこのように対立しているという文脈においてである（八八〜八九節）。したがって、まさにそこ〔知性と表象とのあいだ〕に、決定的な境界線が存するのである。

「確実性」「方法」「明晰・判明な観念」「知性と表象との対立」といった語彙上および概念上のレッテル

は、デカルト的世界を指し示している。他方、「漠然とした経験」という表現や道具の事例は、ベーコン的世界を指し示している。しかし、いずれの場合にも、ずれや書き換え、照準の変更がある。これらは、もはやベーコン的でもデカルト的でもない問題を提起しようと試みる概念上の作業を示している。それでは、それらの問題が首尾よく答えられたあかつきには、スピノザは『改善論』の諸テーゼとも袂をわかつことになるのであろうか。この問いは複雑である。確かなのは、彼は『改善論』を完結させなかったということ（未完に終わった理由は注釈家の論争の的となっている）、彼はそれを『エチカ』の場合とは違って友人のサークルで閲覧させなかったということ（その証拠に、このサークルに急接近し、のちに『精神の医学』という著書を書くほど方法論に関心が深かったチルンハウスは、スピノザに『改善論』の閲読を求めたが不首尾に終わった。結局のところ彼はそれを遺稿集で初めて読むことになる）。しかしながら、スピノザは『エチカ』第二部（定理四〇備考一）で〔書名は出さずに〕この論考にはっきりと言及している。また、バウメーステル宛の一六六六年六月の書簡〔「書簡三七」〕において彼は、〔『改善論』の〕さまざまな主題を再び取りあげてそれらを取捨選択している。この書簡で彼が書いているところでは、こういった主題のすべてを理解するためには、精神の本性をその第一原因を通して理解することは必要でない（ベーコン流に言うならば「短い記述」で充分である）。しかし逆に、『エチカ』で扱われている諸対象を理解するためには、もはや記述〔という論法〕は充分ではなく、第一原因を通しての認識が必要となる、ということを理解しなければならない。今後は、発生論的な説明が、〔『知性改善論』でとられた〕想起し記述するという論法よりも重要になってくるのである。このように、スピノザの見地からすると、異なった角度から一つの同じ主題が取り扱われうるとしても、同じ結果が出てくるとは限らないのである。

〔スピノザに見られる〕このような発展を見ることは、一つの体系が構成されてゆくプロセスを考えるきっかけとなる。すなわち、〔第一に〕もろもろの主題が再び取りあげられ、組織し直され、〔第二に〕設定されたもろもろの問題が少しずつ克服されていき、そして最後に、体系の構造に適合する論述様式が発見されるのである。

II 『神、人間、および人間の幸福に関する短論文』

この著作は、スピノザの生前に未刊であったのみならず、一六七七年の遺稿集にも収録されてはいなかった。シュトレとハルマンが十八世紀初頭に、スピノザの著書の出版者であったリューウェルツの息子を訪問したとき、彼らは、悪魔についての章を含むオランダ語で書かれた『エチカ』初期草稿を見せられた。十九世紀になって初めて、このテクストが発見され刊行された(1)。確かにそこには「悪魔についての章」が含まれていた（もっとも、悪魔が存在しえないということを論じるためであるが）。『神、人間、および人間の幸福に関する短論文』というタイトルは、このときに付けられたものである。これが、スピノザがラテン語で書いた原文をオランダ語に訳したものなのか、それとも、スピノザによって最初からオランダ語で書かれたものなのか、さらにまた、スピノザが行なった講義について弟子たちが書きとめた要約なのか、ということについては、これまで多く議論されてきた。現時点までの研究成果からすると、最初の想定が正しいように思われる。研究者のなかには、この書物を長く無視してきた者もいる。彼らは、その刊行の経緯が不確実なこと、またとくに、その内容が整合的でないことを理由として、〔スピノザのテクストとしての〕その真正性を実質的に否定してきたのである。ところで、いまや明らかなことに、この書物に『エチカ』の全テーゼを無理やり合致させるようなことを控えさえすれば、整合性は存在する。また逆に、読者のなかには、この書物に、成熟期のスピノザ主義とイタリア・ルネサンスの新プラトン主義、汎神論、自然主義とを結びつけるミッシング・リンクを求めた者もいる。そのような仮説を論証するためにこんにちまでさまざまな論拠が提出されてきたが、充分に堅固な論証は今後の課題である。[2]

（1）まず、〔ドイツ人神学者〕ベーマーが、みずからがコレルス著『スピノザの生涯』のある刊本のうちに発見した「梗概」を、一八五二年ハレにおいて出版した。その後、『短論文』のテクストそのものが発見された。それらは二種類の写本であり、ふつう「写本A」「写本B」と呼ばれる。一八六七年ファン・フローテンが、スピノザ全集の補遺のなかで、『短論文』テクストを出版した。

（2）このような方向の解釈は十九世紀のアヴェナリウスやジークヴァルトにまで遡る。その後、この解釈のおかげで少なくとも一つの興味深い仕事がなされた。すなわち、ゲープハルトによる、レオーネ・エブレオ著作集の刊行である。

執筆時期の前後関係は問題となる。この著作は、発見時、たいした躊躇《ためら》いもなく、スピノザ最古のテクストと見なされた（おそらく、「下書き」の類であると評されたからであろう）。それゆえ『知性改善論』が自動的に二番目の著作となった。しかし、いくつかの難点がないわけではなかった。というのも『短論文』の論理は〔『知性改善論』にくらべて〕最終的な体系により近いのである。〔イタリア人研究者〕フィリッポ・ミニーニが初めて、充分に説得的と思われる論拠を並べて、従来の順序を逆転することを提案した。[1] 同様に彼は、『短論文』は人びとが長らく考えてきたよりもはるかに整合的であることを示した。『短論文』

は、スピノザ哲学の発展の一段階――しかも、それ自体が研究対象となっておかしくはない一段階――の具体的形態なのである。『知性改善論』とは異なり、『短論文』の構想は、萌芽的な仕方でではあれ、『エチカ』のそれをすでに内包しているのである。

（1） 参考文献【49】【50】を参照されたい。〔執筆時期の問題のみならず〕より一般的観点から見て、『短論文』の真の重要性が確認されえたのは、ミニーニのこれらの業績のおかげである。

第一部では神が論じられている。まず、神の存在が確立され、次に、神の本質が論じられる。それに続いて、分析は神の属性に向かう。ただしそれは広義における属性である。用いられる語彙には、「摂理」や「予定」といったキリスト教的伝統が再現されており、また、スコラ学からさえ「能産的自然」や「所産的自然」といった概念が借用されている。しかし、第一部は、そういった語彙を用いながらも、自然の統一性を力強く肯定するという独創的な思想を構成している。まず行なわれるのは、神に帰属させられうるもののなかで、次の三つを区別するという作業である。すなわち、第一に、狭義における属性、言い換えれば、われわれに神の本質を認識させるところの属性（思惟と延長）である。第二に、特質《プロプリア》にすぎない属性、言い換えれば、神にのみ属するのではあるがわれわれに神の本質を認識させないところの属性である。たとえば、神の行為が必然的であること、また、あらゆる事物がみずからの存在を保存する傾向を持っているということ（これが「摂理」という語に与えられる意味である）、さらにまた、万物が必然的に惹き起こされるということ（これが「予定」という語の意味である）。第三に、神にはけっして関係しない言葉、たとえば、善良や慈悲といった言葉である。そして、神性に関する一般的な見解から出発し、それらの用語法を部分的に踏襲しながらも、以上に見たような批判的選別によって、まったく異なる〔神の〕概念を構成することが可能になる。すなわち、そこから万物が必然的に発するところの第一原理にして内在的原因という概念である。

第二部では人間が論じられている。最初に、臆見と信念と知識という認識の三つの種類が区別される。次に、情念がどのように臆見に依拠しているかが示され、また、さまざまな情念が分析される。[1] 最後に、人間の精神の構造が許す範囲において真の自由に至るための諸条件が考察される。真の自由とは、知性が神と結合することに存する。この結合のおかげで知性はみずからのうちに諸観念を産出し、みずからの本性に合致するところの諸結果を自分から引き出すことができるのである。このように『短論文』の第一部と第二部は、『知性改善論』において素描されたプログラムを実行に移すものなのである。

（1）参考文献【51】を参照されたい。

論述の形式は、まだ幾何学的論証形式ではない。しかし、二つの付録はそれに近づいている。神と実体に関する「第一付録」は、スピノザが一六六一年にオルデンバーグに送った諸命題とそれほど違わないはずである。それは、公理、命題、論証によって表現されている。「第二付録」では、人間精神の諸特徴が総合的な仕方で再論されている。

第一部の途中には、二つの対話が挿入されている。「第一対話」は、知性、愛、理性、欲望のあいだの対話であり、第二対話は、知識を欲するエラスムスと神の友たるテオフィルスとのあいだの対話である。これらは、スピノザによって対話形式で書かれた唯一のテクストであるが、彼が〔他のテクストで〕しばしば見せる反駁的な書き方をくっきりと示している。スピノザが論敵を名指しで反駁することを嫌がれば嫌がるほど、彼の思想は、彼が自己規定するさいの基準点となる〔論敵の〕立場の検討を通して、ともすれば顕《あらわ》になる。『短論文』のこれらの対話は、『改善論』のプロローグと、書き方に関する次のような共通点――すなわち、「私」という表現が登場するという共通点――がある。しかも、どちらの場合も、その目的は、匿名的な理論的論述に「私」を連結するということである（『改善論』の場合、「私」は匿名的論述の前に置かれ、『短論文』の場合、「私」は〔匿名的論述の〕真っ只中にあからさまに挿入されている）。ただし、『短論文』の「私」には距離感がある。なぜならば、そこで「私」と自称している〔対話の〕登場人物たちは、『改善論』のプロローグの語り手ほど、著者〔スピノザ〕に近い存在ではないからである。『エチカ』では、〔「私」を持ち出すという〕このような手続きはいったん消え去ることになる。このような語り口調に相当するものが再び現われるのは、『エチカ』第五部がまさに終わるという最後の数頁においてである、と言ってよいかもしれない[1]。

（1）これら二つの対話と、レオーネ・エブレオ（別名アブラヴァネル）の『愛の対話』との類似が指摘されたこともある。スピノザは『愛の対話』のスペイン語訳を所有していた。

Ⅲ　『デカルトの哲学原理』と『形而上学的思想』

『ベネディクトゥス・デ・スピノザによって幾何学的様式で論証された、ルネ・デカルトの哲学原理』は、すでに見たように、カセアリウスに対して行なわれた授業に由来する。この書物が出版された理由は、この授業がカセアリウスに口述された理由と同じである。すなわち、スピノザは、自分自身の哲学を提示するよりもむしろ、デカルトの哲学を解説することを選んだのである。このことが意味するのは、〔当時〕現存するさまざまな哲学のなかでもデカルトのそれが卓越し、虚偽の思想に対する戦いの先鞭をつけていたということである。しかしまたそれは、以下のことも意味する。すなわち、スピノザはみずからをデカルト主義者とは考えておらず、少なくともこの書物のなかで、デカルトとの相違を主張しているということである。というのも、彼は、序文においてその相違を明言するようにロ－デウェイク・マイエルに依頼したからである。マイエルは書いている、「それゆえ、著者がここで自分自身の見解、あるいは自分が承認した限りのデカルトの見解だけを説いているものと断定してはいけない。なぜならば、彼はデカルトの学説のなかの若干を真理と判断し、それに自分自身の学説の若干をも付加したことを認めてはいるが、しかしそこには彼が誤りとして排斥していることがら、みずからはまったく異なった見解を抱いているようなことがらが多く出ているからである」。たとえば、意志と知性の区別や、さらには、「人間の理解を超えたことがら」が存在するといったデカルト的見解がそうである。〔スピノザによれば〕いっさいは、理解され説明されうる――もしも、そこへと知性を導く途が見出されるならば。そして、それは、デカルト主義の途ではないのである[1]。

（1）『デカルトの哲学原理』における自然学については、参考文献【52】に所収されているレクリヴァンの研究を参照されたい。

『形而上学的思想』は、執筆年代の特定が難しい。基本構成はスコラ学のそれである[1]。第一部は一般形而上学に充てられ、存在とその変状の理論、超越的名辞が論じられている。第二部は特殊形而上学に充てられ、神とその諸属性、人間精神が論じられている。そして、このような構成に沿って、伝統的な語彙とデカルトの語彙を横断する一本の通路が構成されてゆく。それは、諸概念を少しずつ改変しながら、のちのスピノザ的な意味論的世界へと接近する通路である。この論考には、善・悪の相対性のテーゼ、実体的形相および実在的偶有性および理性の有(2)に対する批判が見出される。しかし、確かに神の単純性は肯定されているが、実体の唯一性〔の主張〕が見出されず、思惟と延長という少なくとも二つの実体が存するとされている。逆に、「属性」という語は、伝統的神学がそれによって解したもの〔すなわち善性や創造主など〕を指してはいるが、その実在性が綿密に限定されている。人間精神については、実体であるがゆえに永遠である、とされている。

（1）〔十七世紀オランダのデカルト主義的スコラ学者〕ヘーレボールトが、第二部最終章において、意志の問題に関して、名前を挙げて引用されている。

（2）「理性の有」とは、「認識された事物をより容易に記憶に保存し、表象し、説明するのに役立つ思惟の様態」（『形而上学的思想』第一部第一章）のことである〔訳注〕。

まとめよう。『短論文』は特殊形而上学の領域に収まっていた。デカルトが『省察』の献辞で述べたように、「形而上学的研究《ストゥディア・メタピュシカ》」には神と精神という二つの対象が割り当てられる。他方、『形而上学的思想』はそこに一般的部分――すなわち当時カルヴァン派の形而上学が「存在論」の名のもとで整備しつつあった部分――を付加する。『エチカ』では『短論文』の構成が再現されることになる。しかし、そのときには、次のことが明らかになる。すなわち、その三部――のちには五部――からなる構成は、確かに神と人間精神を論じるのではあるが、それはもはや、スコラ的形而上学のあまりにも狭隘な枠組みには収まりきらないものである、ということである。

Ⅳ 『神学・政治論』

タイトルの「神学・政治」という表現は、しばしば考えられるのとは異なり、神学と政治の対比が主題であることを意味しているのではない。これは、「哲学する自由が、敬虔や国家の平和・安全を損なわないばかりでなく、むしろそれらにとって非常に有益である、ということを示す論考」という副題によってはっきりと表明されている。したがって、主題は哲学する自由であり、これが、二つの領域――すなわち、（敬虔の領域としての）神学と（平和および安全の領域としての）政治――に対比されているのである。そして、自由を制限あるいは禁止する諸理由をこれらの領域のどちらかに見出すことが可能か否か、が問われているのである。では、「哲学する自由」とは何のことと解するべきであろうか。「哲学」という語は、スピノザの場合二つのことを意味する。第一に、ギリシア人の「心性《インゲニウム》」の一特徴として彼が捉える思弁的な空論である。しかし他の諸民族も、それを手本にしてスコラ学を打ち立てたとき以来、この空論を見事に継承してしまった。すなわち（スピノザの表現を用いれば）「ギリシア人とともに乱心」したのである。第二に、現在われわれが哲学と呼ぶ領域および諸科学における理性の使用である。この用語法は、哲学が真であることを含意しない。哲学は偽でありうる。ここで重要なのは、哲学は公言されうるということである。この言い回しはスピノザの『書簡集』のなかにしばしば登場する。しかも、スピノザが使う場合も、文通相手が使う場合もある。「私は、哲学する自由によってあなたに語ります」。これが意味するのは、偏見を持たない人間同士では当然のやり方で語る——すなわち、特別の用心をすることとなしに語る——ということである。したがって、十七世紀においてこの言い回しは、完全に一般的だったのである。『神学・政治論』の衝撃とは、〔自由という〕この概念を、それまでに確保されていた領域を超えて書物の公刊にまでも適用し、公衆の自由を擁護しようとした点に存するのである。

自由を擁護しなければならなかったのは、もちろん、それに対する反対者がいたからである。彼らは二種の論法を用いた。それらを迎え撃つため、『神学・政治論』は（分量の異なる）二つの部に分かれている。それらは、タイトルの「神学・政治」という二重の修飾語の前半と後半に対応しており、また、副題が示していた二つの方向にも対応している。すなわち、「哲学する自由は敬虔を損なうであろうか」を主題とする第一部（第一～一五章）と「哲学する自由は国家の平和・安全を損なうであろうか」を主題とする第二部（第一六～二〇章）である。したがって、議論は二つの視点から順々に行なわれている。もっとも、実際の細かい分析においては、しばしばそれらの圏域は交錯している。なぜならば、敬虔とは何かを理解するためには聖書の歴史を考慮せねばならず、そのためにはヘブライ人の国家を考察せねばならないからである。それゆえ、第一部においてすでに、国家一般の必要性について若干のことがらが述べられている。また逆に、国家権力を侵食しうる脅威のなかでも、とりわけ、敬虔の守り手を自任する教会の要求については考察しなければならない。それゆえ、第二部は再び、〔第一部とは〕違った角度から宗教的問題に立ち帰ることになる。

しかしながら、全体的な構造は非常にわかりやすい。第一部は、敬虔が守られるための限界を明らかにするために、敬虔が由来するところ、およびそれをわれわれが認識するための手段を規定することを課題としている。論の運びは三段階である。第一段階として、啓示の〔伝達〕手段が研究されねばならない。したがって、預言、神の法、選民、儀式、奇跡が分析されることになる（第一～六章）。第二段階として、聖書が考察される（第七～一一章）。最後に〔第三段階として〕、聖書と神の言葉の対比を通じて、後者の正確な領域、およびそれと哲学する自由との関係が定められる（第一二～一五章）。第二部は、国家の平和と安全が守られるための限界を明らかにすることを課題としている。したがって、いかなる権利が国家に委ねられたか、また、それがどのように具体的に行使されているか、が規定される。また、そのために、きわめて古典的な手法に則って社会契約が研究され、また、古典的手法から非常に逸脱した仕方で、社会契約を支えている現実的な〔国家〕機能が分析される（第一六～二〇章）。

〔第一部の〕第一段階に関しては、スピノザの、預言についての論じ方と奇跡についての扱い方とを対比してみるとおもしろい。それらは、同じ目的に達するための正反対の二つの方法なのである。預言は、啓示を伝えるための媒介であり、万人が敬虔の規範と見なすもの、とされている。したがって、敬虔が何を課して何を禁じているかを知るためには、預言の地位と限界を確定することが重要である。もはや預言者はいないのだから、そのような研究は、聖書という題材を対象とすることになる。このように聖書は、議論のこの段階においては、もろもろの預言を書きとめたものとして登場する。

三つの問いが立てられる。〔第一に〕預言者とは何か。〔第二に〕預言者の本来的な主題とは何か、言い換えれば、預言者が正当性をもって教えているのは何についてなのか。〔第三に〕預言者が主題としてはいないものは何か、言い換えれば、預言者が教えるべきものを少しも持っていないのは何についてなのか（たとえ、たまたま預言者がそれについて語ることがあるとしても）。

そういうわけで、まず〔第一に〕明らかにしなければならないのは、預言をその他の言説から区別するものは何か、ということである。預言者は、何かを論証しているのではなく断定している。すなわち預言者は、論証による基礎づけなしに真理を主張しているのであり、この点に理性的な言説との相違がある。預言的な言説は、実行されるべき命令を与える。預言者の口を借りて話しているのは神であり、預言は、それが〔神によって〕インスパイアされたものであるということから権威を獲得する。では、インスピレーションとは何か。それを、たとえば妄想からどのように区別すればいいのか。スピノザにとって、預言者とは、とりわけ活発な表象力〔想像力〕をもった敬虔なる人物のことである。したがって、知性と表象力との区別がここに再び顔を出す。人間には二つのタイプがある。一方は、自然的光明ないし理性に訴える「知性の人」であり、他方は、不公正な状況に憤慨し、もっと多くの正義と愛を抱くように人びとに呼びかける「表象力の人」である。これは、預言者に対する非宗教的なとらえ方ではあるが、だからといって預言者が敵視されているわけではない。預言者は欺瞞者ないし狂人である、といった非難がなされているわけではなく、この点、十八世紀の地下文書やフランスの哲学者《フィロソーフ》たちにおいて見出される主張とは異なるのである。預言者を預言者たらしめるのは学問的〔哲学的〕な真理ではない、ということにすぎない。

〔第二に〕預言者は何について語っているのであろうか。その言説の内容は実践的なもの、すなわち正義と愛である。預言者は、それらが必要であることを人びとに思い出させる。これが、すべての預言者に共通している唯一の主題である。それ以外のことは、彼らの気質や文体や習慣の相違に由来する。以上のことからわれわれは、預言者はどのような主題については語る権威を持っていないか〔という第三の問いへの答え〕を演繹することができる。預言者は思弁的な問題〔神や国家の本質はいかなるものか、といった問題〕

については語っておらず、預言者が提示する回答は実践的なものである。天文学の問題を扱っているように見えるときも〔たとえば「ヨシュア記」では太陽が止まるとされる〕、実際のところ預言者は、ただ単に当時の民衆と見解を共有していたがために、彼らの言葉遣いに従っているだけなのである。したがって、預言者が自分の〔本来の〕主題について語っている瞬間と、当時の知的状態を反映しているにすぎない瞬間とを区別しなければならない。預言者のインスピレーションは実践的な論点にだけかかわっており、理論的認識には関わっていない。預言者たちは倫理的観点からは正しいが、政治の専門家でもなければ、まして数学の専門家でもない。預言の中身のうち検討に値するものは正義と愛の要求だけなのであって、いかなる場合でもわれわれは預言から、もっぱら科学に関わる結論を引き出すことはできないし（たとえば、たとえヨシュアが太陽を止めることができたと信じたとしても、太陽が地球の周りを回っているのか否かを決めることはできない）、もっぱら政治学に関わる結論を引き出すこともできないのである（たとえば、どのような国家状態が最善であるかを決めることはできない）。

以上のような〔預言に関するスピノザの〕論証全体にとって本質的なのは、敵対者の陣地に踏み込まないということである。敵対者は、預言は理性を超越しているという言い分から、純粋に理性的な議論を拒絶するであろう。したがって、われわれは啓示そのものから論拠を引き出さねばならない。それゆえスピノザは、「聖書のみ」《スクリプトゥーラ・ソーラ》という規則を定式化し実践する。ところが逆に、話題が〔預言から〕奇跡に移ると、スピノザは、聖書がそれについて述べていることがらを最初に確認したりはしない。彼は、理性が奇跡について認識できることを表明する。理性が教えるのは、自然のなかのいっさいは恒常的な諸法則に従って生起するということである。もしも奇跡がそれらの法則を侵害するものならば、それは存在しえない。検討すべきものとして残るのは、〔奇跡そのものではなくて〕奇跡に対する信念のみである。しかし次の段階では、理性によるこのような言説は、聖書そのものによっても検証される。この点に関しては〔「聖書のみ」という〕先ほどの規則が引き続き適用されている、と思われるかもしれない。しかし実際には、ここには一つの変更点が導入されている。なぜならば、預言者たちの文言は〔理性ではなく〕表象力に依拠しており、そのような文言は、理性が持つ権利を〔本来は〕要求できるはずがないからである。したがってここでは、聖書のテクストのなかには預言ではなく知性に属する部分がある、という見解が提示されているのである。それはすなわち、ソロモン王が書いたとされている部分である。したがって、スピノザは、慎重にも聖書のなかに文献的ジャンル〔の相違〕の概念を導入することで、聖書と預言との同一視に程度差を導入しているのである。しかしいずれにせよ、啓示の〔伝達〕手段を分析するというこの段階では、聖書はまだ研究対象にはされておらず、題材を汲み出す源泉にすぎないのである。

〔第一部の〕第二段階においては、それまでと違い、聖書はもはや出典として取りあげられるだけでなく、〔研究〕対象となる。問題は、聖書の意味と地位である。スピノザは次のような解釈法を構築する。第一点は、自然を解釈する手法と聖書を解釈する手法は同じであるという主張にある。〔テクストの〕意味を対象とする学問と物理的世界を対象とする学問とのあいだに根本的な乖離は存在しないというわけである。このように、のちにディルタイおよびその後継者たちが解釈学の基礎として設定することになることがらに真っ向から対立する立場が堅固に設定されるのである。第二点は、「聖書のみから」という原理の新たな定式化に関わる。この原理はプロテスタントのすべての〔聖書〕読解法に共通しているが、スピノザはそれをまったく別様に解釈する。通常、この原理は聖書のテクストの均一性を前提としている。文字通りに読まれる限りの聖書は、曖昧で矛盾しており不道徳的な箇所をいくつも含んでいる。これはどうしても認めざるをえないことであり、聖書が自己完結しているなどとはとても言えない。これに対するカトリック的な返答は、伝統と教権が提出する注釈書によって聖書を取り囲むということである。テクストをそのように付加することを拒絶するプロテスタントにとっては、曖昧さと矛盾を避けるための判断基準を見出し、個人的な恣意を避けることが必要になる。その判断基準とは、曖昧な箇所を明晰な箇所をもとに解明するという「信仰の類比の原理」である。そのような原理が機能するのは、聖書が一つの全体を形成している場合に限られる。スピノザはその逆のテーゼを主張する。〔聖書の〕諸巻の多様性を見れば、〔それらが書かれた〕時代が多様であり著者も多様であることがわかる。聖書のみに問いかけるということは、他の拠り所——すなわち、理性、それどころか不均質な聖書中の〔他の〕テクスト——に、著者たちが何を言おうとしているかを探すことをみずからに禁じるということに帰着しなければならない。〔「聖書のみから」という〕原理はもっぱら次の点に適用されることになる——すなわち、テクストの真理ではなく意味である。モーセあるいはヨシュアが真なることを言ったか否かではなく、彼らが何を言ったか、がまず問題になるのである。したがって、真であるとわれわれが知っていることを彼らが言おうとした、と推定してはいけない。たとえば、「神は火である」また「神は嫉妬深い」とモーセが言うとき、寓意的解釈に飛びつく代わりに、まずは次のように自問するべきである。すなわち、これらの表現はその著者の思考様式についてわれわれが知っていることがらと合致するか否か、と。さてそうすると、返答は、これら二つの場合で異なる。〔「神は火である」に関しては、〕モーセが神を非物質的な存在として表象していることをわれわれは文脈から知っている。したがって、彼は本来の意味で「神は火である」と言おうとしたはずがなく、その表現は比喩的意味で解釈されねばならない。逆に〔「神は嫉妬深い」に関しては〕、モーセは情念なしの神性という観念をけっして持ち合わせてはいない。したがって、「神は嫉妬深い」は本来的意味で受け取られねばならない。

このように聖書は一連のユニットへと切り分けられる。それらユニットは、諸巻の編者の相違よりはむしろ著者の相違に対応している。第七章で表明されているこのような方法が、第八・九・一〇章で旧約聖書に適用され、第一一章で新約聖書に適用されている。結果は次のようなものである。〔第一に〕聖書の諸巻の著者は、通常考えられている人物（「モーセ五書」はモーセ、「ヨシュア記」はヨシュアなど）ではない。また〔第二に〕、諸巻は、歴史書〔相互〕のさまざまな不整合が証明しているように、ずっとのちになってから統合されただけでなく、さらには最終的な編集作業が未完のままになっている。最後に、諸巻は異なる文献的ジャンルに属するのであって、ある巻は理性に属し（ソロモン王が書いたとされているテクストや、使徒の書簡）、別の巻は表象力に属し（預言者たちのテクスト）、さらに別の巻はさまざまな王国の法令や単なる年代記にほかならないのである。

〔第一部の〕第三段階では、以上のような批判から帰結が引き出される。スピノザが聖書の諸巻を相対化かつ非神性化するために数章を費やしたと考える論敵は、次のように反論するかもしれない。すなわち、「あなたは、諸巻の真正性への信念を打ち砕き、それらの異質性を強調し、預言を表象力に、奇跡を自然法則の無知に還元することで、神の言葉を破壊してしまったのではないか」という反論である。これに対する返答は「否」である——ただし、神の言葉と聖書とを区別することに同意することが条件となる。聖書はさまざまな巻から成るが、全体として、一般の書物と同じ問題を抱えている。すなわち、曖昧であるという問題、著者がわからないという問題、改竄されたかもしれないという問題である。これとは逆に、神の言葉《テオロギア》は、これらすべての巻に共通の、不変なる核である。この核は、正義と愛の命令に還元される。正義と愛に満ちた行為〔をなすべし〕という帰結は、おそらく哲学的思索からも得られるであろう。しかし、神の言葉が得がたいものである理由は、それが推理なしに経験によって、すなわち預言者たちの熱のこもった訴え掛けを通して、そのような行為を教える、という点にある。それゆえ、預言者が言おうとしたことの詳細、あるいは、彼らが語っている曖昧な歴史的エピソードを復元できるか否か、というのは重要ではない。重要なのは、歴史がそれほどたくさんの事例を提供している本質的なメッセージ、すなわち隣人に対する行為、である。したがって、各人にとっての敬虔の本質は、このメッセージを受け取ってそれを自分にとってまず間違いなきものとすること、すなわち、それを自分の体質に同化することにある。このようなメッセージのなかに、哲学する自由と対立するものは何もない。逆に、哲学する自由を禁じようとする者は、まさにそうすることで、そのようなメッセージを自分の体質に同化することを各人に妨げるのであり、ゆえに、敬虔に対立しているのである。

この著作の第二部は、政治学に関わる。〔第一部で〕スピノザは、最初に「敬虔」論を取りあげるにさいして聖書に依拠したが、それと同様に〔第二部で〕彼は、最初に「国家」論を取りあげるにさいして、古典主義時代〔十七世紀〕に国家を正当化していたもの――社会契約――に依拠する。彼は、主権は次のような契約に発するという理論を表明するのである。すなわち、人びとが構成する社会が、自然や他者による害から彼らを保護する最大能力を有することを目的として、彼らが、社会に自分の自然権を委譲する、という契約である。そのようにして人びとは市民かつ臣民となるのである。しかし、この理論が確認されるやいなやスピノザは、その理論が正しいとしてもそれは実践よりもむしろ理論においてである、と指摘する。実際のところ、〔スピノザ以外の〕社会契約論者たちは、情念を自然状態に固有のものとして捉え、国家ができたあとについては、国家がしっかりと機能することを妨げる障害や抑制についてしかほとんど考えないが、それとは逆にスピノザは、自然権と情念権を同一視し、主権がひとたび構成されたとしてもこの同一関係には何の変化もない、と述べるのである。情念は後悔すべき悪徳ではない。それは人間本性の本質的な部分である。〔社会〕契約ののちに情念が奇跡的に雲散霧消する、と考えるいかなる理由もない。その帰結は明らかである。すなわち、国家が脅かされるのは、外的要因によってというよりは、むしろそれ自身の市民によってなのである。確かに国家は武力によって市民の情念に対抗することはできる。しかし、そのような手段は長続きするはずがない。したがって国家はより強固な城壁を作らなければならない。すなわち、情念を導くための他の仕掛けを作るか、〔市民の〕欲求や利害を充足するか、である（もっとも、その場合、新たに採られる方策が奏功するであろうことを市民に説得せねばならないであろうし、このことも再び、情念や象徴〔の問題〕に帰着する）。国家がみずからを利するために活用できる情念のうちには、明らかに、宗教的情念が数え入れられる。しかし、それは両刃の剣である。というのも、大衆は、これまで崇拝するように教えられてきた王たちを憎んだり虐殺したりするように扇動されうるからである。宗教組織に必要な聖職者集団は、いったん〔国家による〕支配の手から離れると、自立化するか他者に奉仕するようになるが、これは、薬を苦痛以上に厄介なものにしてしまう。したがって、〔市民の〕情念を安定化させる方策をもはや神権政治のうちに期待できない近代国家においては、主権者が聖職者に対する統制権を持たねばならず、その逆であってはならないのである。これだけを読むとホッブズ的であると思われるかもしれない。しかしながら、必ずしもそうではない。しかも、本質的な論点においてである。というのも、主権者が宗教制度を統制せねばならないとしても、主権者はむしろ市民の表現の自由を承認かつ保護するほうが得である、とされるからである。なぜなら、そうしなければ、主権者は〔市民による〕最も激しい反乱に身を晒すことになるからである。というのも、表現の自由を市民に拒否するための理由は、たいていの場合、宗教に由来するのであり、そしてそれらの理由を受け容れる国家は、実際のところ、教会の意志に屈服することになるからである。このようにして、第二部は、もう一度改めて、哲学する自由が認められねばならないという結論を引き出す。その理由は、それが抽象的で規範的な権利だからということではなく、国家の具体的な権利すなわち支配権に合致しているという点にあるのである。

V 『エチカ』

『エチカ』の成立過程

一六五九年以降のスピノザにとっては、哲学的な「神」の概念は、〔単なる思弁ではなく〕真の法を探求し実践したいという想いに結びついていた。オルデンバーグ宛の初期の書簡のいくつかにおいては、こういったテーマが繰り返し取りあげられ、また、「哲学的意味での自由」も論じられている。一六六一年夏の〔レインスブルフにおける〕彼らの会談は、「神」「属性」「思惟と延長との関係」に関するものであった。言い換えると、〔それ以前からスピノザが関心を寄せていたのと〕同じ問題が、いまや、哲学的な専門用語によって提示されているのである。そして、デカルト的な諸概念〔それらは新しい自然科学の諸概念でもあった〕が、デカルトやベーコンといった名前とともに、彼らの対話に登場しているのである。

そういった諸概念をスピノザが活用しはじめたのは、『短論文』や『知性改善論』においてである。しかし、スピノザはすぐさま、自分の哲学の全体像を示すための大作の執筆にとりかかったようである。それを彼は当初『私の哲学』あるいは『私たちの哲学』と呼んでいた。オルデンバーグとの往復書簡のなかにはその抜粋が見出されるし、また〔別の書簡では〕、シモン・ド・フリースを中心にアムステルダムに形成された仲間内のサークルが、その断片について議論している様子がうかがわれる。バウメーステルに宛てた一六六五年の書簡でスピノザは書いている。『私たちの哲学』の第三部に関して申しますと、私は近日中にその一部分をあなたに送ろうと思います」。またスピノザは、著作はまだ完成していないが定理八〇までは送ることができる、という趣旨を付け加えている。しかし、現行の『エチカ』第三部の定理の数は八〇に満たない。それゆえ、当時の第三部は、のちに第四部以下に移される題材を含んでいたのだと想定しうる。またこの著作は、同時期に題名を変えたようである。というのも、スピノザは〔「書簡二三」で〕ブレイエンベルフに、「まだ出版されていない私の『エチカ』のなかで証明しております通り」敬神者はつねに正義を欲し、「その欲求は、自分自身と神について彼が有する明晰な認識から必然的に生じるのです」と書いているからである。この論点は、現行の『エチカ』第四部定理三六から定理三七に関連しており、〔当時すでに〕スピノザは『エチカ』の執筆をかなり先のほうまで進めていたことになる。

ところが、まさにこの時期『エチカ』執筆の仕事は中断する。それはおそらく『神学・政治論』の執筆にとりかかったためであろう。この執筆作業がスピノザを一六六五年から七〇年まで拘束することになる。それゆえ、『エチカ』の第一ヴァージョンは、一六六五年以前に書かれ、三部構成であり、当初は『哲学』と呼ばれていたことになる。これを『エチカA』としよう。『神学・政治論』を公刊したのちスピノザは『エチカ』の仕事に専念し、そして『エチカ』は一六七五年に完成したはずである。なぜならば、スピノザはその年アムステルダムに『エチカ』出版のために赴き、神学者たちが〔スピノザは無神論者だと〕騒ぎ立てていたために〔出版を〕断念したからである（「書簡六二」と「書簡六八」を参照されたい）。遺稿集のなかで公刊されるのがこの最終ヴァージョンであり、われわれが現に持っている唯一のものである。これを『エチカB』としよう。

『エチカA』がどのようなものであったかを復元するためには、『書簡集』に引用されている抜粋箇所をチェックし、最終ヴァージョンのなかのどの箇所が時代的に古いのかを探求しなければならない。最終ヴァージョンのしかじかの箇所がどの年代に書かれたものだと想定されうるにせよ、スピノザがその文言を最終ヴァージョンでも手を付けずに残したからには、彼はそれを不変に妥当なものと、また〔『エチカ』の〕全体と整合的なものと見なしていた、と考えなければならない。したがって、テクスト〔の整合性〕に関する見かけ上の諸問題を、書かれた年代の相違を想定することで説明できると主張するのは危険であろう。

このような手順で復元された〔『エチカ』の〕成立過程については、三つの問いが持ちあがる。すなわち、①なぜタイトルが変更されたのか、②なぜ一六六五年の三部構成の『エチカ』が現行の五部構成の『エチカ』になったのか、③諸命題の地位の変更〔たとえば公理から定理への変更〕をどのように位置づけることができるか――という問いである。

第一の問いには二つの答えが可能である（これらの答えは両立不可能ではない）。ベルナール・ルーセは、タイトルの変更の原因はヘーリンクス〔ゲーリンクス〕の『エチカ』公刊であると考えた。ただしそれは、ヘーリンクスの新ストア主義的で厳格な哲学がスピノザ主義のモデルになった、という意味ではない。ヘーリンクスの哲学は、いっさいの個体性を否定し、個体性に対するいっさいの権利を拒む。彼にとっての主要な罪は自己愛であるが、他方、それはスピノザにとっては徳である。ヘーリンクスの哲学は〔スピノザ主義のモデルであるどころか〕スピノザの何人かの敵対者たちがスピノザ哲学について描いた戯画《カリカチュア》にかなり似ているのである。〔ルーセの推測によると〕むしろ、スピノザは、まさにヘーリンクスとのこのような相違ゆえに、自分たちの立場の境目に人びとの注意を惹きたいと思ったのである。

第二の答えは、『哲学』というタイトルが依然としてデカルト的である（デカルトの『哲学の原理』を想起させてしまう）、ということを強調するものである。〔デカルト的な〕哲学とは、世界に関する人知のいっさい、認識論や誤謬論から火山や気象に至る知識のいっさいのことである。他方、スピノザの意図はそこにはない。彼の意図は、読者を至福へと「いわば手をとって」導くことである。神や世界について語られているいっさいのことがらは、ただこのことを目指しており、森羅万象を論じることを目指してはいない。それゆえ、書物、さらには哲学そのものを、その最終段階において『エチカ』と命名したのは適切であった。ひょっとすると、スピノザが〔みずからの執筆意図の〕このような特性を自覚することができたきっかけは、ブレイエンベルフとの往復書簡にあったのかもしれない。というのもブレイエンベルフは、〔スピノザの著わした〕『デカルトの哲学原理』を読んでただちに、この著作において理論的問題の背後に隠れつつも主要な論点を構成しているのは善と悪の問題であるということを察知したからである。

なぜ三部構成が五部構成になったのか、という第二の問いに関しては、〔定理の〕数の観点からとりあえず次のように答えることができる。すなわち、『エチカB』において定理の数が著しく増大せざるをえなくなり、ほどよい構成のための規則からすれば、巨大化した旧《ふる》い第三部を分割するほうが〔分割しないより〕望ましくなった、と。しかし、このような〔定理の〕数の観点〔からの答え〕には不満が残る。〔なぜならば〕人間の受動感情というテーマに割り当てられた部分が一六七〇年以降にどうして増大したのか〔という疑問に答えていないからである〕。『神学・政治論』の執筆が大いに影響した。宗教および政治という領域を考察し、そのような考察において避けられない人間関係を分析した結果として、スピノザは、これらの問題に対する関心を膨らまし、みずからの分析を精緻なものにしたのである。このことが理由となって、〔『エチカ』は〕現行ヴァージョンにおけるような、より詳しい構成を持つに至ったのである。

最後に〔第三の問いについてであるが〕、命題の地位の変更をわれわれはどのように評価することができるであろうか。一六六一年にオルデンバーグに〔書簡で〕示された四つの公理は、現行の『エチカ』では、より根本的な原理を通して証明された四つの定理に化けている。このことから次のように言ってよい。すなわち、スピノザの作業は、発生論的な論証過程を〔根源へと〕できるだけ遡及することによって、〔みずからの〕議論の徹底性を強調したのである、と。

『エチカ』の方法

「幾何学的様式によって論証された」『エチカ』は、幾何学的な方法に則って書かれている、としばしば言われる。そして、幾何学的方法ということで理解されるのは、公理、定義、公準、命題〔ないし定理〕、証明、備考の連鎖である。さらにまた、幾何学的方法は、ペアノ、ヒルベルト、フレーゲ以降に「公理系」と呼ばれる概念の幅のもとでその意味が解釈される傾向がある。この場合、スピノザがその方法からしばしば逸脱していることを論証することは容易である。しかし、もし「幾何学的様式」が意味するのが別物であるのならどうであろうか。その場合、「幾何学的様式」ということで理解しなければならないのは、むしろ『エチカ』第一部付録が述べていること、すなわち、数学者たちが普通するように、諸対象のいわゆる目的ではなく本性および諸特質を研究する、ということである。そのような作業は、三つの手続きによって実行される。〔第一に〕論証的手続き。これは、確かに、幾何学から借りられた外面的形式に訴えるものであるが、その幾何学とは十七世紀のものであって現代のものではない。〔第二に〕論駁的手続き。これは、個々の論者ではなく個々の偏見を論駁するという手続きである。それゆえスピノザは〔『エチカ』のなかで〕敵対者を名指しで言及するということをほとんどしない。言及するのはストア派に一回、デカルトに二回のみである。しかも、彼らに言及するときでも、それは、彼らが抱えている問題の詳細に立ち入るためではなく理論的立場の例示のためである。最後に、第三の手続きは「例示的あるいは参照的手続き」とでも呼びうるものである。ただし、こう呼ぶからといって、副次的な装飾あるいは教育的な補足のことだと理解してもらっては困る。この手続きは、〔抽象的な〕反省のなかに、抽象的な文法とはかけ離れた〔具体的な〕素材を持ち込むということである。ほかならぬこの最後の手続きの理論的な重要性は、これまでまったく無視されてきた。とりわけ『エチカ』第三部から五部までには、具体的な事例や経験への参照がたくさん見出されるが、〔この手続きが見られる〕範囲はもっと広く、『エチカ』第一部にも及んでいる。〔ふつう〕第一部は、諸属性に関する抽象的な構文論と見なされている〔そして確かに部分的にはその通りである）が、冒頭の諸定理を見るだけでも、それぞれ三角形、人間、生物体に関する五つの事例が登場している。とりわけ、思惟と延長が〔属性の具体例として〕参照されているということは、『エチカ』を読みはじめる前に読者が〔具体的に〕知っておかねばならないことを指し示している。

第一部「神について」

「神について」という表題の『エチカ』第一部では、神が唯一実体であり、無限に多くの属性から構成されており（そのうち人間が知りうる属性は思惟と延長である）、世界に存在するいっさいのものはこの実体（すなわちその諸属性）の変様（これは「様態」という専門用語で呼ばれる）から形成されている、ということが述べられている。この神は、もろもろの啓示宗教における神ではない。すなわちそれは、世界を自由意志で創造する神でも、世界から超越している神でもない。スピノザの神とは、必然的な諸法則の場である。神の本質は能力であるゆえに、神は無限に多くの結果を必然的に産出する。同様に、個々の事物も、それぞれの仕方で、さまざまな結果を産出する。『エチカ』第一部の最終定理が述べるように、「その本性からある結果が生じないようなものは一つとして存在しない」のである。

第一部の内容は論証されているが、しかしそれは、無前提の論証ではない。スピノザの推論の徹底性は、それが前提なしに始まるということに存するのではないのである。むしろ逆に、公理や定義を一瞥すれば、「哲学的読者」と「偏見がこびりついた読者」の相違が当然のものとして前提されていることがわかる。最初の数頁に登場する諸命題を理解できるのは、次のようなことをすでに見出している読者〔つまり哲学的読者〕のみなのである。すなわち、自然は諸法則によって統べられており、事物は原因であり、世界のうちに認められる現象は、これらの原因とこれらの法則のなかで結合されている、ということである。以上のようなことを前提として初めて、「実体」および「様態」という用語が意味を持つ。「実体」という観念は、世界の法則性がそのように自覚されているということを伝えている。「唯一実体」という観念への道程は、これら自然法則の統一性を構築するところの道程である。

「属性」という概念は、解釈者たちのあいだにいくつもの論争を惹き起こした。ある解釈者は、属性とは実体よりも程度の低い存在である、と理解しようとした（だとすると、実体、属性、様態というヒエラルキーが存在することになる）。しかしスピノザは、属性は実体の本質を構成し、実体のレベルがさがったものではない、とはっきりと言っている。属性は実体と同じものなのである（『エチカ』第一部定理一九には「神、すなわち神のすべての属性」という文言がある。また『エチカ』第一部定理四証明も参照されたい）。けれども、これらが同じことを言うためのものであるなら、なぜ二つの用語を区別するのか。なぜかといえば、デカルトの場合のように、属性は、実体がそれによって知られるところのものだからである。「属性とは、知性が実体についてその本質を構成していると知覚するもの、と解する」（『エチカ』第一部定義四）のである。しかし、この点に関してはさらに別の二つの誤解が生じやすいので、それらを退けておかねばならない（それらのうち後者の誤解には長い来歴がある）。

第一に、〔属性を通して実体が知られるという〕このことは、「それ自体」としての実体が不可知であるということを意味しない。属性を知ることは、まさに、実体をあるがままに知ることなのである。第二に、このことは、属性が実体に対する単なる「観点」にすぎないということを意味するのでもない。属性は実体を実在的に構成するところのものなのである。スピノザが〔属性の定義において〕知性に言及しているからといって、それは認識の客観性の程度を減じるためではない。むしろ逆に、それは、神を十全な仕方で認識するときわれわれは、神それ自体を、神が自己認識する通りに認識する、ということを言うに等しいのである（なお、スピノザはここで「知性」に言及しながら、それが人間の〔有限な〕知性のことか神の〔無限な〕知性のことなのかを判然と述べていない）。〔世界には〕残余もなければ神秘もない。世界はその原理について全面的に理解可能である。これが『エチカ』第一部の第一の教説である。

第二の教説はこうである。有るということは原因である、ということなので、理解するということは原因を通して理解する、ということである。実体と様態とは緊密に連結しているために、万物にはある能力が吹き込まれており、その能力とは端的に神の能力である。神が神自身であるのは、みずからを様態化する限りにおいてのみであり、各々の事物が様態であるのは、結果を産出する限りにおいてのみである。

この第一部末尾の付録は、以上に提示されたことがらを人びとが理解するのを阻む偏見が、どのような主要な根源から生じるのかを示そうとするものである。その根源とは、自由意志と目的原因という二つの幻想である。同時に、評者たちがこれまであまり指摘してこなかった別の論点も登場している。それは、われわれが因果関係に縛られている宇宙と、われわれが生きている世界（すなわち慣習、行為、意識、可能性の世界）との相違である。[1]この〔後者の〕世界は、〔それ自体が〕錯覚であるというよりもむしろ錯覚の根源である。にもかかわらずわれわれはそこにとどまる。このことはすでに『神学・政治論』が教えていたことである。「諸原因の連鎖に関する一般的観察は、個々の事物に関する思想を形成し整理するのに少しもわれわれの役に立たない。加えるに、われわれは事物の結合そのもの、連結そのものをまったく知らないのであり、したがってわれわれは、実生活においては、事物を可能的なものとして考えるのが適当であり、否むしろ不可欠なのである」[2]。

（1）意識に関しては、参考文献【53】を参照されたい。
（2）『神学・政治論』第四章第一節。

第二部「精神の本性および起源について」

『エチカ』第二部は「精神の本性および起源」〔という主題〕に充てられている。ところが意外なことに、第二部の途中には、物体――とりわけ人間身体――とは何か、ということについての確認作業（けっして詳細なものではないが）が挿入されている。実際のところ、第一部の〔具体性に欠ける〕一般的な「構文論」が終わったあとに読者が見出すことを期待するのは、人間の定義、あるいは少なくとも人間精神の定義（たとえば、人間精神とは、その対象が身体であるところの観念である、というような）であり、そして認識論であろう。しかし、必ずしもそうなってはいないのである。ひょっとすると〔『エチカ』の〕議論の足取りを最もよく理解させてくれるものは、定理一三備考かもしれない。「われわれがこれまで示してきたことがらはごく一般的なものであって、人間に当てはまるのと同様にその他の個体にも当てはまる。そして、すべての個体は程度の差こそあれ精神を有しているのである。なぜなら、あらゆる事物について必然的に神のなかに観念があって、その観念は、人間身体の観念と同様に神を原因とするのであり、したがってわれわれが人間身体の観念について述べたことはあらゆる事物の観念についても必然的に言われうるからである」。

この備考に至るまでの〔『エチカ』第二部冒頭の〕一三個の定理においてわれわれは何を学んだのか。第一に、神が「思惟するもの」であり「延長するもの」であること。これら二つの属性は、思惟にも延長にも言及していなかった『エチカ』第一部の定義や定理をもとにして論証されている。したがって、定義の内容はそのつど、物体と思惟が存在するということをわれわれが承認している、ということに由来していることになる。第二にわれわれが学んだのは、「観念の秩序および連結は事物の秩序および連結と同じである」ということである。なぜならば、思惟と延長は唯一実体の二つの属性だからである。最後にわれわれが学んだのは、人間精神の現実存在を構成するものが観念であるということ（なぜなら、観念がなければ、愛や欲望などといった他のいかなる思惟様態も可能でなくなるから）、そして、この観念は、その対象において生じるいっさいのものを知覚するということである（しかし無論、だからといって、観念はそれを十全に知覚するわけではないのであり、これについては間もなく見る）。ところで、人間精神は、ある物体が多様な仕方で刺激されるのを感じる。したがって、人間精神はこの物体〔人間身体〕の観念であり、そして、「人間身体は、われわれがそれについて抱く感覚の通りに存在する」（第二部定理一三と系）ということになる。

そうすると、われわれが学ぶのは、以上に述べたことがらのうち人間に特化されていることは何もないということである。このことが意味するのは、ほかでもない、〔人間身体以外の〕他のすべての物体も他の精神の対象であるということである。それでは、どのようにすれば主題を人間に移行することができるであろうか。この時点でわれわれは、人間を他のものから正確に区別するものが語られることを期待するであろう。〔しかし『エチカ』の〕実際の議論の運びはむしろその逆である。定理一三と定理一四のあいだには、自然学と生物学もどきを主題とした非常に簡略的な付論が置かれている。この付論は、さまざまな存在者を、その組成〔の複雑さ〕および外界との関係性の大小に応じて序列化しようとするものである。「精神」という語はそこでは使われておらず、人間という概念それ自体も、「人間身体」を描写する六個の公準のなかで単に形容詞の形で登場するだけである。〔この付論で〕知りうる唯一のことがらは、ある物体は他の物体よりも〔組成が〕複雑であり、他の物体よりも外界と多くの関係を持っている、ということである。したがって、〔そこで語られている物体間の差異とは〕純粋な程度差である。こののち、スピノザは理論的な手腕をふるい、最初のこのようにかすかな差異から、ある全面的な相違を最終的に引き出すことになる。すなわち『エチカ』第四部定理三五に至ってわれわれは、理性が人間に対して二つの実践的行為規則を命じることを学ぶことになる。それらは、行為の相手が「他の人間」か「人間以外の自然」かに応じて、まったく内容を異にする。すなわち、「他の人間」を相手とするとき、人間は和合を求めなければならないが、「人間以外の自然」とりわけ動物を相手にするとき、人間はそれを利用してかまわない。和合と利用の対立。〔人間とそれ以外の自然は〕最初は共通に扱われているが、最終的には、乗り越えがたい断絶がそのあいだに生じるのである。(1)

（1）ちなみに、これら二つの行為規則のうち前者を理由としてスピノザを担ぎだすエコロジストたちがいるが、このような事情からすると、彼らは、第二の行為規則へと必然的に帰着する論理を無視して初めてスピノザを担ぎだすわけである。このような論法の事例は、〔ディープ・エコロジーの提唱者〕アールネ・ネスの著作に見出される。〔この注は原著第五版では削除されている――訳者。〕

さしあたり話を戻そう。定理一三のあとに置かれている一連の公理、補助定理、公準は、それ以前に論証されたこと（そして人間のみに関わっているのではないこと）から、次のような地点へと一歩踏み出すためのものである。その地点とは、人間の定義を与えることなく、したがって人間の本質を認識していると主張することなく、人間と人間以外の自然との差異を少しでもよりよく見通すことのできる地点である。このようなミニマムな人間学は具体的にはどのようなものであろうか。スピノザは言う、「もろもろの観念は、それらの対象自体が相互に異なるのと同様に異なっている」。それゆえ、人間精神が〔他の精神と〕どのような点で異なっているのかを考えようとするならば、「人間精神の対象の本性を認識することが必要」である。したがって、精神についてのスピノザ的研究の論理は、われわれの注意を諸物体の相違へと向かわせることになる。「ある物体〔身体〕が同時に多くの仕方で働きをなし、かつ働きを受けることに対して他の物体よりも有能であるのに応じて、その物体の精神もまた、同時に多くのことを知覚することに対して他の精神よりもそれだけ有能である」。スピノザの言葉遣いには、「より……に応じて、それだけ……」「多くの」「非常に多くの〔様態、物体〕」といった言葉が登場するが、これは、人間的なるものを規定するための手探りの表現である。

こういう論法によってわれわれは何を学ぶのか。

〔第一に〕人間身体はきわめて複雑である。これは人間を特徴づける一つの性質ではあるが、その絶対的な特殊性ではない〔程度で劣るとはいえ、複雑な物体は他にもある〕。〔第二に〕人間身体は外的物体によってしばしば刺激される。単純な物体が外界から受け取るのは衝撃だけである。〔他方〕人間身体は、非常に多くの事物によって、非常に多くの仕方で、刺激される〔そして再生させられる〕。また人間身体は、非常に多くの仕方でそれらの事物を動かしたり配列したりできる〔われわれはここで『知性改善論』に登場する「生得的な道具」を思い出すかもしれない〕。一般化すれば、環境との関係性の豊かさが人間身体の特徴なのである。

最後に、人間身体は、流動的なもの、柔弱なもの、堅固なものから構成されている。人間身体の極度の複雑さは、自然学の用語に翻訳される。その特殊な組成〔すなわち、構成要素のあいだの相違〕の結果として、人間身体は、それを刺激した事物の痕跡を残すのに適する。スピノザは、人間の観念的な定義を必要としていない。〔人間身体では〕外界からの衝突が記憶され、おそらくこのことが、〔他の物体から〕人間身体を最もよく区別するのである（ただし、ここでもスピノザは、〔人間身体以外の〕他の物体はそうすることが不可能である、とは言わない。他の物体の場合はその能力が劣る、と仮定すれば済むのである）。以上のような単純なイメージをたてれば、スピノザ哲学の全体を構築するのに充分である。

まず、そこに見出されないことを覚えておこう。すなわち、コギト〔「私は考える」というデカルト哲学の基本命題〕あるいはその代わりになりうるいっさいである。「人間は考える」という公準が置かれている（これはよく知られたことがらの〔単なる〕確認であって、〔デカルトの〕「私は考える」ではない）。思惟以上に決定的なものはないが、思惟ほど基礎づけに関わらないものもない。それは、ジル・ドゥルーズの見事な定式に従えば、意識を追い越している一個の思惟である。ある主観がそれに気づくより以前に思惟が存在するのである。言ってみれば、これ以降の全テクストは、むしろいかにして主観性が構成されるかを示そうとするものであるが、ただしそこでの主観性とは、局所的で部分的で欠落的なものなのである。

ここでわれわれは『知性改善論』で述べられていたもろもろの知覚様式を再発見する。ただし、別の名称、別の観点においてである。人間身体が以上のように規定されたことによって、認識論という角度からではなく、多様な認識の生成に関する理論の枠内で、それら知覚様式を表現することが可能となるのである。すなわち、各々の知覚様式が、身体と精神との構成によって必然的な仕方で生成される、ということを示すことが可能となるのである。これを真の「歴史的な科学認識論《エピステモロジー》」と呼ぶとしても、その意義を強調しすぎることにはならないであろう。

（一）第一種の認識は、外的世界との衝突に由来する認識である。この衝突に対応して〔人間身体に〕表象像《イマージュ》ができる。これは物体〔身体〕の変様としての痕跡のことである。この物体的表象像に対応して、〔人間精神に〕表象の観念ができる。以上に述べたことは、おそらく、すべての物体、すべての精神に当てはまるが、同じ程度にではない。〔他の物体にくらべて〕人間は、外的世界からはるかに多く刺激されるので、はるかに多くの表象知を持つであろう。このようにしてできる表象知は、十全な認識を与えない。表象の観念は、外的世界と自分の身体との衝突の観念であり、外的世界の現実の構造の観念ではない（たとえば、炎に手を近づけて火傷する人間は、炎とは何かについて十全な知をそこから取り出すわけではない）。それゆえ、〔第一種の認識からは〕外的世界についての生きいきとした強い認識が獲得されるとはいえ、それは十全な認識、すなわち、事物の内的構造についての認識ではない。外的世界の表象像と並んで、私はまた、自分の身体についての表象像も抱くが、それもまた十全ではない（たとえば、空腹は私に、自分の胃の構造についての認識を与えない）。

したがって、第一種の認識によって私は、外的世界についても、自分自身の身体についても、十全な観念を獲得しない。しかしながら、自分の身体、外的世界、神、精神についてのこのような非十全な認識は有用ではある。とりわけそれは、錯覚でも、罪でも、〔自由〕意志による誤謬でもない。それは、人間の生の客観的プロセスのなかに根を張っている。したがってそれは、日常生活の流れのなかで絶えず再生産かつ補強されている。なぜならば、日常生活の本質とは、まさに外的世界とのままならぬ衝突に存するからである。

（二）そうすると、第二種の認識（理性知）に達することはまったくもって不可能ではなかろうか、という疑問が起こっても不思議ではない。なぜならば、その場合でもわれわれは、自分自身の身体をもとにして認識に達するわけだからである。実際には、私の身体と外的世界とには共通の諸特質が存在する。われわれはみずからのうちに、いくつかの共通概念を有している。それらの概念は、延長におけるそれら共通の特質に対して、思惟の側で対応するものである。したがって、それらの概念は必然的に十全である。たとえば、延長の観念、運動の観念、形状の観念である。しかしながら、これら十全な観念は、最初は、非十全な観念によって覆われ、それらに埋没している。したがって、第二種の認識に達するためには、共通概念（これは万人が所有している）をもとにして理性を発展させなければならない（これを実行する人間はいるものの、それは困難である）。言い換えれば、すべての人間が理性的であるわけではないが、人間はすべてみずからのうちに理性の種子を有しているのである。表象作用の活発さが理性の発展を妨げる。しかしいったん理性が発達を始めれば、理性は一連の十全な観念を引っ張り出すのである。

この〔第二種の〕認識によってわれわれは、普遍的な諸法則以外のものを認識しない。それはわれわれに、いかなる個物の本質の認識をも与えないのである。しかしながら、この認識が発達するのに対応して、それを通じて徐々にわれわれは、自然の諸法則の合理性および普遍性の原理としての神の観念に接近してゆく。

（三）最後すなわち第三種の認識は、直観知による認識である。それは、神の観念——正確にいえば、神のある属性の本質の観念——を始点とし、そこから、もろもろの個物の本質を演繹するところの認識である。共通概念の場合と同じく、神の観念は最初からわれわれのうちに備わっているが、われわれはそれに気づかない。では、いかにしてそれを知覚すればよいのか、言い換えれば、いかにして第二種の認識から第三種の認識へと移行すればよいのか。第二種の認識を充分に推しすすめた者は、おそらく、普遍的原理としての神の観念に到達しているであろう。その者がすることとして残っているのは、もはや、この原理に血肉を与える個別的本質を引き出すことしかない。『エチカ』の冒頭は、単一実体の観念に到達するために、第二種の認識による獲得物を総括している箇所であり、その獲得物は、「実体」「属性」「様態」という用語によって要約されているのである。

「直観」という言葉とその伝統的な用法に惑わされてはならない。それは、神秘的陶酔でもなければ、理性の超克でもない。直観知とは、徹頭徹尾、論証的なものである。ある意味で、直観知は第二種の認識より奥深いものではない。スピノザが強調するところでは、真の断絶は、第一種と第二種とのあいだにあり、第二種と第三種のあいだにではない。すでに見たように、スピノザは『神学・政治論』のなかで、表象知に対立するレベルの認識をひとまとめにして、それを「知性」あるいは「自然の光」あるいは「理性」と呼んでいるが、これは『エチカ』が第二種および第三種の認識として区別しているものに相当する。それゆえに、これまで時として試みられてきたことであるが、理性より上位のレベルの認識があるという論拠でもってスピノザ主義を非合理主義として特徴づけるのは不可能である。〔第二種と第三種との〕真の相違は、認識の進み方に起因する。第二種の場合は普遍的法則、第三種の場合は〔属性の〕本質から〔個物の〕本質への演繹〔をもとに認識が行なわれる〕。第三種が第二種にまさっているのは、前者が後者よりも明晰であり、知のもろもろの段階をより直接的に束ねている点においてである。[1] 前者が後者以上に十全であるというわけではない(2)。

(1)『エチカ』第五部定理三六備考を参照されたい。しかし、『エチカ』の最終部分においてさえ、第二種と第三種の認識は依然として同時に言及されている(『エチカ』第五部定理三八)。
(2)直観知については参考文献【54】を参照されたい。

第三部「感情の起源および本性について」

『エチカ』第三部は、はっきりと、感情の本性と起源〔という主題〕に充てられている。感情には二つの種類がある。能動感情と受動感情である。受動感情は、われわれに無力と分裂を感じさせる。おそらくこのことこそが、スピノザ主義が「隷属」と名づけているものについての根本的な経験である。したがって、自由の探求は、受動感情に対する療法と理性の能力を見出すことのうちに存することになる。周知の通りスピノザは、デカルトから次のような対立図式を継承しなかった。すなわち、身体において受動であるものは精神において能動であり、またその逆も成り立つ、という図式である。むしろ逆に、解説者たちによって不適切にも「並行論」と呼ばれている原理――それは実際のところ諸属性の統一を意味し、ここから精神と身体の統一も帰結する――に従えば、身体の活動能力が増大するたびに、それに対応して精神の活動能力も増大する。精神と身体は、それらが十全な原因であるときはともに能動的であり、非十全な原因であるときはともに受動的なのである。したがって、能動性への移行は、感情生活の認識を必要条件としており、まさにこの点でスピノザは、十七世紀に〔ヨーロッパの〕いたるところで普通に展開されていた「情念論」に合流するのである。十七世紀、ほとんどすべての哲学者は情念論を自説に組み込むことを義務と見なしていたし、神学者、政治家、演劇の理論家も、彼らに伍して情念論という分野に参入していた。

しかしだからといって、スピノザが〔情念論という〕この一般的な議論を、万人と同じ形式のもとで繰り返しているわけではけっしてない。『エチカ』の著者が情念〔受動感情〕を論じるとき、彼はそれらを発生論的に再構成するのである。これが意味しているのは、スピノザが情念を合理的な秩序に従ってクラス分けしたということだけではなく、何よりも、この秩序が情念の産出過程の秩序であるということである。したがって彼は、個々の情念について語る以前に、情念が発生する〔一般的な〕メカニズムを明示しなければならない。すなわち、まず、何が基本的な情念であるかを示し、次に、どのような現象がそれらを多様化し結合し変形するのかを示さなければならない。

三つの基本的情念――言い換えれば、みずからの存在に固執しようとする努力（さまざまに変容する活動能力）が受け取る三つの原初的形態――とは、欲望、喜び、悲しみである。欲望とは、みずからの存在に固執しようとする傾向である。喜びとは、われわれの活動能力の増大である。悲しみとは、われわれの活動能力の減少である。これらの基本的情念がこうむる変形に関していえば、それらは二つの大きなカテゴリーに分けられる。言わば、人間的な生は、結局のところ、次のような二種の情念に沿って組織されているのである。すなわち、一方は、対象とのつながりに依拠している情念であり、他方は、類似性に依拠している情念である（この後者が、感情の模倣がのちに論じられる領域である）。

実際のところ、最初の一群の定理は、対象化のメカニズムがどのように生起するかを説明している（第三部定理一一、定理一三とその備考。話題が喜び・悲しみから、愛・憎しみへと移る。これ以降、根源的な情念に対象が加わった場合が論じられる。対象との関係をもとにして、その他のメカニズムが働くことになる）。次に、連合のメカニズム（第三部定理一四〜一七）、そして時間化〔時間軸の導入〕のメカニズムが分析される（第三部定理一八。希望と恐れが論じられるが、これは前兆に関する定理五〇で補完される）。最後に、同一化のメカニズムが分析される（第三部定理一九〜二四。われわれは、自分が愛する事物を愛する者を愛し、憎む者を憎むのである。定理二二以降では、特別な関係のない第三者が介入する場合が論じられる）。

しかし、定理二七以降においては、まったく別の情念の世界が浮かびあがってくる。〔それ以前の〕スピノザ〔の感情分析〕はある意味で古典的である。なぜならば、彼は対象との関係に注目しているからである。もちろん彼は、人間の振るまいを全体的に説明する原理として役立つごく少数の傾向を解明しようとしているので、必要とあらば、対象との関係を統合したり纏め直したりはする。また、必要とあらば、伝統的な〔感情論において論じられてきた対象との〕関係のなかのあるものを引っくり返したり練り直したりもする。しかし、定理二七以降のスピノザは、〔古典的どころか〕革命的である。そこでなされているのは、対象とは関係のない一つの基本的性質に依拠しながら、人間の振るまいの一部分をそっくり再構成することである。すなわち、感情の模倣を論じるのである。実際のところ、スピノザが描写する情念は、外的対象に関連してわれわれのうちに生じるのではなく、外的対象について何か——あるいはむしろ、他の誰か——が行なう行為をもとにしてわれわれのうちに生じるものである。〔情念の〕このような生成作用の根底をなすのは、この誰かあるいは何かがわれわれに似ているという事実である。したがって、ここに、いわば類似性の領域を構成するところの情念の第二のグループができあがる。定理二七では、「われわれに似ている事物」という、これ以後原理的働きをする表現が導入されている。[1] それゆえわれわれは、これ以前のどの箇所においてもけっして人間が参照されてはいなかったということに気づく。競争相手や加担者のような、われわれの情念の対象は、人間としての彼らの性質に言及することなく、あくまでも対象一般の事例として取りあげられていたにすぎない。対象は無生物でも獣でも権力でも名誉でもよかった。介入してくる第三者にしても、グループでも動物でもよかった。もちろん、対象にせよ第三者にせよ、それらは人間でもよかったが、人間としての性質は考慮に入っていなかった。ところがここで主題となっているのは、まさにそれである。スピノザはけっして人間とは何かを定義しないが、他方で、この「われわれに似ている事物」が何のことかがわれわれにはおのずとわかる、と考えているのである。

（1）参考文献【55】を参照されたい。

定理二七の文言はこうである。「われわれに似ている事物――しかもそれに対してわれわれが何の感情も抱いていない事物――がある感情に刺激されるのをわれわれが表象するなら、われわれはそのことだけによって、類似した感情に刺激される」。重要なのは、明らかに、その感情がいかなるものかがここではあらかじめ決められていない、ということである。〔この定理のあとに、〕類似性のこのような効力から論理的帰結を引き出す一連の定理が続く。とりわけ定理三一には注意すべきである。これは感情の強化ないし弱化という結果を強調するものである。すなわち、われわれは、もし自分自身が愛しているものを誰かが愛していること、あるいは、自分自身が憎んでいるものを誰かが憎んでいることを表象するならば、そのとき、まさにその事実によって、自分の愛ないし憎しみを強化されるであろう。再度確認するが、ここで論じられているのは、定理一四以降の諸定理に見られるような理性的計算でもなければ連合作用でもない。われわれに似ている事物が感情を経験する（より正確には、そのようなことをわれわれが表象する）という単なる事実が、われわれのうちに当該の感情を生み出すのに充分なのである。また、その単なる事実が、すでにわれわれのうちに当該の感情があった場合はその勢いを増大させるのに充分なのである（なぜならば、もとからあった勢いに、類似性に由来する勢いが追加されるからである）。しかし逆に、もしわれわれが、自分が愛しているものを誰かが嫌悪していることを表象するならば、そのとき、〔愛の〕最初の勢いは、類似性に由来する〔憎しみの〕勢いと相矛盾することになる。他のすべての条件が同じならば、〔愛と憎しみという〕これら二つの感情のどちらであれ、他方を取り除くのに充分ではない。したがって〔その場合〕われわれは「精神の動揺《フルクタティオ・アニミー》」という局面に陥ることになる。定理三一の系と備考は、われわれが感情を抱くや否やその恒常性を保持しようと努める手段を示している。すなわち、われわれが他者の感情——あるいは他者についてみずからが抱く見解——にそれほどまでに影響を受けやすいのであるからには、〔みずからの感情を保つのに〕最善の状況は、他者がわれわれと同じ感情をただちに抱くというものであろう。そして、このような状況が「ただちに」は成立しないならば、われわれはそれが成立するようにできる限りのことをするであろう。すなわち、人間はつねに、他者が自分自身の意向《インゲニウム》に沿って生活するのを見たいという願望を持っているのである。スピノザの道徳および政治学（とりわけ宗教問題に関わる側面）にとって決定的に重要な〔人間の〕このような特徴は、以上のような「人間本性の特質」すなわちほかでもない「感情の模倣《イミタティオ・アフェクトゥウム》」に根を張っているのである。同様に定理三二も、定理二七から一つの帰結を引き出している。それは、類似性の心理学の、場合によっては有害な結果をもたらす帰結である。すなわち、われわれは、（われわれに似ている）誰かがある事物を享受していると表象するなら、たとえ以前にはその事物を愛していなかったとしても、ただちに感情の模倣〔の原理〕によってその事物を愛するであろう。しかし、それがただ一人しか所有できない事物である場合は、われわれにそれを愛させるであろうその同じ作用が、われわれをして、その者からその事物を奪うように傾けるであろう（そもそも、その者を表象したがためにわれわれはその事物を望んだのではあるが）。ここから次の備考が導きだされる。〔感情の模倣という〕人間本性の同じ特質によってわれわれは次のような〔二つの〕傾向を持つのである。すなわち、不幸な者を憐れむ傾向（なぜならばわれわれは自動的に彼らの悲しみを共有するから）と、幸福な者を妬む傾向（なぜならば、たった今見たように、彼らが喜びの対象を排他的に所有している限りにおいて、われわれは彼らの喜びを完全には共有できないから）――これらの傾向である。

このように、人間本性の機能の一般的規則としての類似性の原理は、〔とりわけ〕人間同士の関係を説明するための有力な因子として登場している。われわれはこの原理によって、対象が与えられている情念の世界から、われわれに似たものとの関係によって複雑化した情念の世界へと移行することができるのである。したがって、スピノザ的心理学を説明する発生論的規則は、二つの部分から成っていることになる。すなわち、「基本的情念の運動」と「感情の模倣」である。この前者の次元はデカルトおよびホッブズを思い出させる（もっとも、感情の一覧と基本的情念の中身は異なってはいるが）。他方、後者の次元は、スピノザを同時代の他の哲学者たちから分かつのに充分なものである。それゆえ、スピノザの独自性は三つの点から測ることができる。〔第一に〕彼は感情を〔単に分類するだけではなく〕原因を通して説明する。そのさい対象は、感情の力（感情のエネルギーと言っても構わないかもしれない）との関係では、副次的なものと見なされる。〔第二に〕彼は、類似性に基づいて感情が模倣されることを主張する。最後に、彼は、感情のメカニズムがわれわれ自身にとって不透明である（われわれがみずからの行為をコントロールしていると信じている場合をも含めて〕という事実をとりわけ強調した。これら三点は、ある意味でスピノザ的心理学を、のちにフロイトが行なう論法に近づけるものである。とりわけ、フロイト的な主題のいくつかは『エチカ』の重要なテーマのいくつかを〔けっして継承したわけではなくとも〕思い出させるものではある。心理的なものは意識に還元されない、という着想がそうである。また、身体は心理現象のなかで起こる出来事を顕現している、という着想もそうである。だからといって、〔スピノザおよびフロイトによる〕二つの構想を同一視するのは間違いである。無意識というフロイト的概念は『エチカ』の見地には欠けているのである。しかし、双方とも、理性によっては最も捉えがたく思われるものを理性的に理解する手段を用意している、ということは間違っていない。[1]

（1）参考文献【56】を参照されたい。

第四部「人間の隷属あるいは感情の力について」

『エチカ』第四部は、全体としては、隷属、言い換えれば感情の力と理性の無力〔という主題〕に充てられている。この隷属の最初の形態は、受動感情〔情念〕が〔理性に制御されず〕野放図に作用するということである。これを示しているのは、定理一～一八である。しかし、感情への従属は、〔隷属の〕最初の形態にすぎない。なるほど個人のなかで理性の力が発揮されるが、当初の理性は感情的な生に抗うにはあまりにも弱い。それゆえ、〔オウィディウスの言葉をもじれば〕「我はより善きものを見て、より悪しきことをなす」のであり、〔旧約聖書の〕「伝道の書」が言うように「知識を増す者は憂患を増す」のである。〔定理一八に〕続く部分は、理性によって導かれた人間の振るまい（すなわち〔定理一八備考によれば〕「理性がわれわれに何を命じるか、またいかなる感情が人間理性の規則と一致するか」）を描いている。しかし正確にいえば、この振るまいは、〔単なる〕一つのモデルである。スピノザの倫理学は、賢者を描いた肖像画ではない。なぜなら、『エチカ』がそのような肖像画であるとすれば、それは伝統的倫理学の幻想――すなわち、人間が情念に対して絶対的支配権を持っているという幻想――を共有することになってしまうからである。そもそも、『エチカ』第一～三部が示そうと努めたのは、もろもろの感情が生得的に、次のような〔三つの〕ものに根を張っているということであった。第一に、人間身体の構造およびその外界との接触、第二に、表象作用の必然的な諸法則、第三に、われわれの表象が当初やはり必然的にこうむる非十全性である。したがって、理性が振るまいのモデルを構築するとしても、このモデルは、人間が自由の人となるためにけっして充分ではない。よって、理性による処方箋の表明も、隷属の世界に不可避的に属しているのである。注目すべきことに、この処方箋は次のような感情の分類を含んでいる。絶対的に悪なる感情（憎しみ）、それ自体では悪だが社会においては有用な感情（謙遜や後悔のようなある種の悲しみの情念）、絶対的に善なる感情（寛仁）への分類である。〔このような〕謙遜と後悔に対する批判によって、〔スピノザの〕諸テーゼがキリスト教的道徳と矛盾することがはっきりする。[1]とりわけ、以上のように規定された倫理学が理性への堅い信頼に依拠しているのは、理性が全能だからではなく（それどころか、すでに見たように、理性は当初は非常に弱いものである）、むしろ、理性よりも優れているものや理性以上の能力を持っているものが何もないからなのである。このことを定理五九は次のようにはっきりと主張する。「われわれは受動感情によって決定されるすべての活動へ、その感情なしにも理性によって決定されることができる」。最後に、第四部は、個人の倫理から政治的なものへの移行を可能にするいくつかの道標を並べている（定理三五～

三七、定理七三〕。

（1）スピノザの感情理論については参考文献【57】【58】【59】を参照されたい。

まだ論じられずに残っているのは、どの程度まで人間は隷属から実際に解放されうるのか、ということである。なぜならば、〔第四部で人間の〕隷属が明確に描き出されているとはいえ、それは、読者を隷属のうちに閉じ込めて、もっぱら拘束として体験される必然性の重みのもとに置くためなのではないからである。むしろ逆に、『エチカ』は、できるだけ多くの人間が感情に対処するある程度の能力に達することを助けるために書かれている。たとえ、この「できるだけ多くの人間」が、結局はごく少数の人間を意味することになろうとも。

第五部「知性の能力あるいは人間の自由について」

『エチカ』第五部は、前半と後半に分かれている。前半は、第一～四部で開始された議論の流れを継承するものである。そこで問題となっているのは、どの程度まで人間はみずからの感情を抑制できるかである。感情に対する絶対的な支配力という幻想を放棄することによって、感情を部分的には制御することが可能である圏域に達することができる。このようにして、理性によって導かれる人間は自由の人になりうる。この自由の仕上げが「神に対する愛」の誕生である。この愛は、迷信に基づく情念的な愛のようなものではない。それは、身体の破壊によって以外では破壊され得ず、また相互性〔愛し返し〕を要求しない、喜びの感情である。〔定理一九で言われるように〕「神を愛する者は、神が自分を愛し返すように努めることができない」。なぜならば、神が感情をもたないことを彼は知っているからである。愛は喜び（ラテン語で

らないのである。

「ラエティティア」〕に基礎を持っており、その喜びは、たとえその愛が能動的であるとしても感情にほかならないのである。

第五部の後半は、身体との関係を離れた精神がどのようなものか、を問う。問題となるのは、もはや持続における〔物事の〕進行ではなく、永遠性である。[1] 鍵となるのは、「第三種の認識」「永遠性」「神への知的愛」という三つの概念である。「神への知的愛」とは何か。〔第一に〕これは、あらゆる愛と同じく喜びではある。しかし、この喜びは、もはや感情ではないし能動感情ですらない〔スピノザはもはや「ラエティティア」ではなく「ガウディウム」というラテン語を用いる〕。〔第二に〕この愛は、身体の死とともに無くなりはしない。最後に、これは、第五部前半の「神に対する愛」とは違って、必然的に神自身を引き込む愛である。ただしこれは、愛の相互性ではなく同一性を意味している。すなわち、神が自分自身を愛するのと神が人間を愛するのとは同じ愛によってなのである。『エチカ』というこの著作は、その鍵となる二つの言葉を結びつける次の定理で結ばれている。「至福は徳の報酬ではなく徳それ自身である」。

(1) スピノザにおける時間・持続・永遠性に関しては参考文献【60】【61】【62】【63】を参照されたい。

VI 『国家論』

この著作のためにスピノザは、おそらく生涯の最後の二年間（一六七五〜一六七七年）を費やした。『神学・政治論』とは異なり、この書物は、ある特定の問題に答えようとするものではない。問題となっているのは、市民社会における人間生活に関わる題材を一通り提示することである。第一〜五章は、もろもろの原理を提示している。第六〜一一章は、三つの統治権《インペリウム》（これは、統治形態というよりも国家タイプのことである）の叙述に充てられている。すなわち、君主制、貴族制、民主制の三つである。テクストは、民主制に関する〔第一一〕章が始まった直後のところで中断している。著者〔スピノザ〕が名前不詳の相手に宛てた書簡〔「書簡八四」〕によって、この著作がさらに、法律および「国家論に関する他の特殊な問題」についての章を含む予定であったことがわかる。

このうえなく強烈に主張されている方法の原理は、人間の諸現象を、人間の本質を前提したり人間を理想化したりすることなく、あるがままに眺めることの必要性である。スピノザは国家論を反プラトン的に論じている、と言ってもよい。善き統治をよき人びと（賢者、哲学者、学識深く有徳な君主）による統治と同一視する長きにわたる〔プラトン的〕伝統に抗して『国家論』が強く主張するのは、指導者の徳は政治に無関係であるということである。市民たちの徳や理性、とりわけ国家指導者のそれによってのみ維持されるような制度は悪しき制度である。だからといって、この著作が描く国家が破廉恥だということではない。国家がすべきなのは人間を有徳にすることであって、人間が有徳になるまで待つことではないのである。

スピノザ自身、人間本性を理解するためには、彼が『エチカ』で論じたことに立ち返らなければならない、と強調する。しかし、〔『エチカ』を再読する〕その手間を省くために彼は、その全体でないにしてもせめて国家論にとって本質的な結論だけは再提示する。このようにしてスピノザは、〔その生涯の〕最後にもう一度、研究者A・マトゥロンが「力の存在論」と呼ぶものを表明する機会を得るのである。〔「力の存在論」の過去の表現形式とくらべると）おそらくここでの表現形式が最も過激である。それを見るにつけわれわれは、再度次のことに気づく。以前と同じ主題であっても、新しい提示方法が許すならば、新しい意味や力強さを獲得しうる、ということである。人間の力は神の力にその根拠を持っている、という〔以前と同じ〕主題が、ここで新しい勢いを獲得しているのである。『短論文』の場合、この主題が人間の自律性をいわば消去するきらいがあったし、『エチカ』の場合、それらの両者は平衡を保っていた。ところが『国家論』では反対に、この主題は、誰が何と言おうと人間の権利をその神的基盤にもたせ掛けるという役割——したがって、人間的権利にその外部から対立しうるあらゆるものを一掃するという役割——を果たしているのである。

従来注目されてきたことであるが、『神学・政治論』の第一六章で中心的な位置を占めていた〔社会〕契約をめぐる語法が〔『国家論』では〕捨て去られている。それにかわるものとして登場するのは、情念、利害、制度の平衡関係である。それゆえ、これまでメンツェルのような研究者は、このような変化が二つの論考のあいだの立場上の発展を示しているかどうかを問題としてきた。実際のところ、『神学・政治論』の段階でも、〔社会〕契約は語法として、すなわち実践とはほとんど合致しない理論的表現として登場していたにすぎない、ということには注意すべきである。『国家論』が問題にしているのは、哲学する自由を評価するための基準となる諸理論を〔たとえ控えめにであれ〕考慮することではなく、それよりもむしろ、国家の現実的な機能を描き出すことなのである。こういう状況下で社会契約論という衣装が捨て去られたとしても、このことは必ずしも、体系の基本的な変化を意味しているわけではない。

『神学・政治論』とのもう一つの相違点は、〔『国家論』においては〕異なる国家〔体制〕が見かけ上は平等に扱われている、ということである。『神学・政治論』は民主制を、人間相互の関係の本来的様式として描いていた。また君主制を論じるときもそれは次のような二つの目的のためであった。すなわち、〔第一に〕歴史的観点から、ヘブライ人国家の堕落の初期段階として位置づけるためであり、あるいは〔第二に〕分析的観点から、君主制と迷信が合致していることを強調するためである。〔『神学・政治論』の「緒言」で〕スピノザは言う、「人間を誤謬のなかに留め置き、恐怖心を宗教の美名で彩って人間を抑制するのに利用し、かくして隷属のために戦うことがあたかも福祉のために戦うことであるかのように人びとに思わせるといったような、そうしたことが君主制の最大の秘訣であり、君主制の最大の関心事である」。このような事情からすれば、共和主義の伝統のうちにスピノザを位置づけることは容易であった。ところが『国家論』では、三種の国家体制のそれぞれについて、その固有の構造が考察されている。また、それぞれについて、それを維持するための方策が論じられている（ただし、国家体制の保持が望ましいということ——換言すれば、それがうまく機能すれば、平和と安全が保たれ、自由という〔国家の〕目的が果たされるということ——が前提となってはいる）。ここに見出すべきなのは、立場上の発展であろうか、それとも矛盾であろうか。実際のところは、ある新しいタイプの共和主義が登場している。すなわち、あらゆる国家タイプにおいて自由の条件を模索するという立場である(1)。

（1）これはバリバールが明瞭に示したことがらである。参考文献【64】を参照されたい。

『国家論』の最も強烈なテーゼの一つは、すでに冒頭に述べられている、経験は尽きている、というテーゼである。スピノザは言う、「経験はすでに、人間の和合的生活のために考えることのできるあらゆる国家の種類を、また、民衆がそれによって指導されるべきあらゆる手段を教えてくれた」と。〔経験が〕尽きているということをどう理解すればよいのか。歴史の終結ということであろうか。この解釈は一見魅力的である。なぜならばそれは、スピノザが新奇を追うことに慎重であるということと両立するからである（〔スピノザによると〕国家論は、新奇で危険な方策よりも、既知で確実な方策に頼るべきなのである）。しかしながら、ここで述べられている〔経験の〕終結とは、〔国家の〕構成方法ではなく構成要素が出尽くしているということである。たとえば、貴族制の政体を分析するとき彼はヴェネツィアをモデルとして取りあげるが、そのさい統領の地位を削除している。なぜならば、それは彼の目には、政体の構造よりもむしろ民族的伝統からもたらされたものに見えたからである。実際のところ重要なのは、過去の重みの下に現在（および未来）の可能性を閉じ去ることではなく、むしろ、哲学者の空理空論が経験と矛盾する限り、それが何かのきっかけで実現されてしまう芽を摘むことなのである。

Ⅶ 『ヘブライ語文法綱要』

スピノザによる聖書解釈の出発点が諸言語についての知識を出発点としている限りにおいて、聖書の主要な言語〔ヘブライ語〕の文法に一論考を充てるというのは筋が通ったことである。しかし、（これは遺稿集の編者が強調していることであるが）スピノザは〔ヘブライ語という〕言語の文法書を作ろうとしたのであって、先達たちがしたように聖書の文法書を作ろうとしたのでない。これは何を意味していると解すべきであろうか。とりわけ、題材として取りあげられている唯一のテクストが聖書であるからには。実際のところ、語形論（これがわれわれに残された唯一の部分であり、約束されている統語論は完全に欠けている）は、〔聖書に〕用例が見られる語形のみならず、ヘブライ語の言語体系から合理的に構成されうるすべての語形を考察している。とはいうものの、完全にアプリオリな文法が書かれているわけではない。しかしスピノザは、言語の現実的機能における理性の役割と慣用の役割とを注意深く結合している。この書物は、ヘブライ語とラテン語とを絶えず対照するという手法によって、一種の比較文法学──より正確には、諸言語を比較することによってそれらの土台となる共通素材と根本形式を際立たせる一種の文法学──を展開しているのである。[1]

（1） 参考文献【65】を参照されたい。〔スピノザの〕言語理論については参考文献【66】を参照されたい。

Ⅷ 『書簡集』

遺稿集には七五通の書簡が含まれていた。その後の発見によって『書簡集』は、スピノザが発信したものと受信したものを合わせて、全八八通となった（最後に発見されたのは一九七五年に公表されたもので、『デカルトの哲学原理』の出版を準備しているL・マイエルが発した問いに対する返事である）。書簡のなかは、二つのヴァージョンでこんにちまで残されてきたものがある。というのもスピノザは、その書類中に、文通相手に発信したのとは少しばかり異なる文面を保存し、ときにはその相違の理由を書きとめたからである。テクストに関するこのような状況からわれわれは次のことを再確認せざるをえない。すなわち、十七世紀における書簡は、たった一人の受取人よりも多くの人びとに読ませるための発表様式でもあった、ということである。書簡に関するスピノザの戦略は、非常に計画的である。一般に彼の書簡は返答であって、まさに返答の役割を果たすものとして読まれねばならない。彼は、対話の相手が提起するもろもろの質問を繰り返す。たいていの場合は、提起されたときの順番通りにそれらの質問を扱う。彼自身の議論は、あくまでも返答というこの役割に沿う仕方でのみ組み立てられている。したがって、書簡を自立的な論考のごとく見なして、特定の問題に関する彼の思想がそっくり展開されている箇所をそこに見出そうとするのは危険である。むしろそれらは、特定の反論に答えている備考のように読まれねばならない（そうすれば、いくつかの書簡の内容がほとんどそのままの形で『エチカ』の備考に再現されていることがわかるであろう）。

IX 真作でないテクスト、散逸したテクスト

（一）科学的諸論考。遺稿集の序文は、スピノザが虹について論考を書いたと述べている。十九世紀になると、それが発見されたと信じられた。そして、そのとき発見された書物には、ホイヘンスによって定式化された問題に基づいて書かれた「確率の計算」も綴じ込まれており、それもやはりスピノザが書いたものだと見なされた。前者は、〔スピノザの著作であるかないかは別として〕それ自体としても興味深い。なぜならば、〔当時の〕オランダにおけるデカルト的屈折光学をめぐる議論についての資料となっているからである。また、虹という現象は聖書においては神とノアの契約を象徴する奇跡であるが、この論考には、

そのような現象をもあくまでも自然現象として説明しようとする意志がはっきりと現われている。これは確かにスピノザが『神学・政治論』で強調した説明法である。しかし、そのような主張をしたのはスピノザ唯一人というわけではない。最近の研究によって、この論考が彼の筆によるものではありえないことがわかっている。

（二）ルキウス・アンティスティウス・コンスタンス〔誰が使ったのかがこんにちまで特定されていない偽名〕の『教会法論』と、ローデウェイク・マイエルの『聖書の解釈者としての哲学』も、かつては、スピノザが書いたものと見なされた。ライプニッツは、その著『弁神論』のなかの「信仰と理性の一致についての序説」の一四節において、〔マイエルの著がスピノザに帰されているという〕このことに言及し、それが間違っていることを指摘している。

（三）『弁明書』。かなり遅れて〔一六九四年に〕サロモン・ファン・ティルが出した〔スピノザに対する〕攻撃文書『前庭』は、スピノザがユダヤ人共同体から追放されたさいに、みずからを正当化するために『弁明書』を書いたと付け加えている。〔この『弁明書』に関する〕他のすべてのいわゆる証言〔ベール、ハルマ〕は、実際のところ、この唯一の証言に頼っている。しかしテクストはこれまで発見されたことが一度もなく、そもそも最初から存在しなかった可能性すらある。

（四）スピノザは、没する前に病身で「モーセ五書」をオランダ語に翻訳しようと企てたが、結局、訳稿を火に投じた、とされた。このことについては何の痕跡も残っていない。〔しかし〕そのような計画は、聖書はすべての言語で読まれうるはずであり識者に独占されるべきものではない、というスピノザの主張と両立不可能ではない。そこには、「聖書を万人の手に」というカルヴァン派のスローガンとの一致、あるいはカルヴァン派を乗り越えるためにそのスローガンを徹底するという手法がうかがわれる。

＊　＊　＊

これら一連の著作〔の全体〕は、三つの仕方で読まれうる。

第一に、それらの多様性を強調する読み方である。それらは主題について多様である（方法、思想の自由、文法、国家の構造、至福などが主題となっている）。また、手法ないし文献的ジャンルについても多様である（特定の主題についての専門的論考もあれば、ほとんど用語集のような目録、書簡、対話篇、哲学大全もある）。さらにまた、論述のタイプについても多様である（幾何学的様式や一連の語りもあれば、『知性改善論』のプロローグや『短論文』の対話篇に見られるように人物が登場する修辞的スタイルもある）。

第二に、主要な主題の論述様式がスピノザ的色彩を徐々に増してゆくその進展過程を強調する読み方も可能である。これは、アレクサンドル・マトゥロンが、『短論文』から『国家論』冒頭の数章までについて見事に行なった読み方である。すなわち彼は、そこにおいて「力の存在論」が、デカルトからの借り物を徐々に捨てながら、独自の土台の上にますます明晰に論述されてゆく過程を見て取ったのである。

最後に、われわれは、一つの著作から別の著作へと、同一の主題が粘り強く立ち戻っていることを指摘しうる。しかも、立ち戻るその主題は、それが組み立て直される〔新しい〕概念的文脈ゆえに、新たな意味――したがって新たな力――を受け取るのである。この意味でスピノザのもろもろの著作は、一つの哲学体系が変容するというのはどういうことかを理解するための優れた事例となっているのである。

第三章　主題と問題

学説というものは、著作の順序通りに読まれなくても構わない。〔なるほど〕思想の発展を跡づけるためには著作の順序が必要である。しかしわれわれは、思想が論及したさまざまな領域、そして思想が惹き起こしたさまざまな論争をも取りあげなければならないのである。

Ⅰ　人物

スピノザ哲学は抽象的な学説である――と、ときおり書かれている。しかしながら、スピノザはよく事例を用いて考察しているし、事例を通して自説を述べている。彼の著作は、いたるところお話の山なのである。それらのお話を支えているのは、あるときは人名不詳の人物（妬み屋、吝嗇家、父に反抗して入隊する息子）であり、またあるときは、思索の具体的事例となるような生き方をした特定の歴史上の人物である。そういう人物は、古代史や旧約聖書、新約聖書から採られている。たとえば、アレクサンドロス大王、モーセ、ソロモン王、キリスト、パウロである。

アレクサンドロス大王

アレクサンドロスは、運命――したがって、迷信――に苦しめられた人物の象徴として登場している。そして、彼が王であるという事実は、〔王ですら逃れられなかったのだから他の〕誰であろうとそれらから逃れられないということを示している。彼は、権力が発生する様式の実例となっている。さらには、勝者と敗者の結合を育てることで国家を永続的なものとするという方法の具体例ともなっている。ギリシア人たちは、ペルシア風のやり方で君主を崇拝することを拒否した。これら二つの〔歴史的〕状況は、二つの国民的気質の境目、およびそれらを克服するための〔効果的か否かは別にして〕戦略を示すために役立っている。権力を行使する人間、そして新しい帝国を獲得する人間にとっては、〔自分自身をも含めた〕人間のさまざまな情念をどう扱うかが具体的な問題となる。アレクサンドロスの史実は、明らかに、そのような問題を明らかにするための典型的な題材となっているのである〔すなわち、マキアヴェッリ的な問題が、ここでは一個人の伝記によって再現されているのである〕。

モーセ

モーセは、国家建設者の人物像を具現しているという点でスピノザを魅了している。スペイン、ヴェネツィア、オランダに関しては、われわれは〔国家〕建設の瞬間を正確には知らないし、ローマの場合も、ロムルスの生涯についてはいかなる資料も存在しない〔伝説は存在するが、それにスピノザはけっして言及しない〕。ところが、モーセの場合、われわれには、彼にまで遡る伝承がある〔これは、モーセが「モーセ五書」を著わしたという〔従来の〕見方に対する批判から導き出される肯定的結論である〕。われわれにはまた、彼に由来するテクストさえある。アレクサンドロスの生涯についてと同様にスピノザはモーセについても長く熟考したようである。そして〔伝統やテクストに関する〕これら一連の出来事をどのように理解すればよいのかを思索したようである。モーセは多くの預言者と同じく、表象力の豊かな人物である。しかし彼は、他の預言者が試みなかったことをした。国家、しかも持続性のある国家を建設したのである。彼は権力を保持し、歴史によって形成された〔ヘブライ〕民族固有の気質を考慮しながら国家と宗教との関係を整備し、また自分の死によって国家全体が危機に晒されないように〔権力の〕継承を準備することができたのである。〔他の預言者の場合〕表象力とは、印象的な幻を見る力である。人びとは、それらの幻が伝えられることで正義や愛を心がけるようになる。ところが何につけモーセの場合、あたかも表象力はそのような機能には限定されず、一つの実際的な目的へと向かっているように見える。すなわち、社会と共同生活を構築するという目的である。そうすると、『国家論』が引き合いに出している例の「実際家たち《プラクティキー》」に彼は属しているのであろうか。人びとは恐怖によって導かれる。恐怖は、神権政治の原動力にほかならない。では、ついには国家の崩壊をもたらすことになる誤りとは何か。このことの説明が次の段階の課題となる。

ソロモン王

〔アレクサンドロスやモーセの場合とは〕反対に、スピノザはソロモンの伝記にはほとんど関心がない。スピノザはむしろ、その個々の特性に注目する。彼は、オウィディウスを「かの詩人」と呼ぶように、ソロモンを「かの哲学者」と呼ぶ（これは、スコラ学者たちがアリストテレスのために取っておいた呼称である）。それはなぜか。ソロモンに帰せられるいくつかのテクストが、自分に近い哲学を別の表現によって具現化しているように彼には思われるからである。〔たとえば〕自然の諸法則の永遠性（ソロモンは言った、「太陽のもと、新しいものは何一つない」）、通常の善の虚しさ——といった思想である。このことは、数学から独立に〔幾何学的叙述とは無関係に〕真の哲学が見出されうるのか、という問題を惹起せずにはおかない（スピノザは〔『神学・政治論』第二章で〕、ソロモンが円周率を間違えていることを強調しているのである）。ひょっとすると状況によっては、人間的生や経験や運についての瞑想によって目的論的世界観から脱することのできる人間もいるのであろうか。そうだとすると、『エチカ』第一部付録において述べられている謎めいた留保の理由はこの点にあるのかもしれない（〔そこでスピノザは次のように述べていた、〕「もし、数学が真理の他の規範を人間に示さなかったとしたら、……〔真理は永遠に人類に秘められたであろう〕」。なお、数学のほかにも人びとに〔目的論的世界観という〕この共通の偏見に気づかせて、事物の真の認識に進むことができるようにさせた他の諸原因があげられうるが、しかしこれをここに数えたてることは無用である」）。しかし、そのようなこと〔目的論的世界観を脱すること〕は、神権政治という恐怖の政体においていかにして可能であろうか。返答はおそらくスピノザのちょっとした指摘によって与えられている。ソロモンはこの政体のなかで平凡な場所にいない。彼はその頂点にいる。言い換えれば、彼は、〔神権国家という国家〕モデルの退廃の初期形態としての君主制のうちにいる。このような立場ゆえに彼には、自分が〔ユダヤの〕法よりも上位にあると信じることができた（そしてまた実際に彼は法を見下ろしたのである）。これは確かに、倫理的側面では不正であるが、おそらく認識論的側面では好機である。ソロモンは、このような逸脱によって普遍的恐怖による締め付けを弛めたのであり、それゆえ、臣民には禁じられていた認識に達する〔目的論的世界観を脱する〕ことができたのである。

キリスト

〔スピノザにとっての〕この人物は、カトリックあるいはプロテスタントという制度化したキリスト教が作りだしたキリスト像には一致しない。注意しなければならないのは、スピノザが著作活動をしたとき、キリストの地位が議論の的になっていたということである。とりわけアムステルダムではそうだった。ソッツィーニ派はキリストの神性を否定した。〔他方〕ユダヤ人のなかにも、キリストを欺瞞者や異端者と見なさない者がいた[1]。スピノザの場合、キリストはいわば二重の存在である。

（1）〔十七世紀のラビ〕ナタン・シャピラに関するR・ポプキンの研究成果を参照されたい。このラビの見解は、千年王国論に立っていたキリスト教徒デュアリおよびセラリウスを介してのみ今に伝わっている。

〔第一に〕歴史的人物としてのキリストは、いかなる奇跡も起こらなかった一人の人間である。スピノザは晩年の書簡でオルデンバーグに、キリストの復活と昇天は比喩的に理解されるべきである、と打ち明けている。キリストは神の口である。これは、三位一体説かどうかはともかく、ホッブズの立場から遠くない。ホッブズは、キリストと〔神の〕子との関係は、モーセと父〔なる神〕との関係と同じであり、キリストは神を代弁する人間であると言ったのである。キリスト教徒たちの主張に反して、キリストの教えには何ら新しいところはない。それは、旧約聖書に書かれているのと同じ神の言葉である。スピノザは古典的なやり方にならってキリストの特徴を万人救済説のうちに見ているが、この説すらも、新たに説かれた過激な説というよりは、預言者たちにおいて始まった運動の延長と見なされている。

第二の次元は「キリストの精神」、すなわち正義と愛の精神である。それは、時代を超えた一つの要求である（もっとも、時代が変われば、その要求を実現する方法は変わらざるをえないのであるが）。つまるところキリストとは、キリストの精神によって明確に定義されるのであって、その逆〔つまり肉体〕によってではない。この〔正義と愛の〕精神をより首尾一貫した仕方で具現したのがキリストである。「われわれの救いのためには、キリストを肉体によって認識することが絶対に必要なわけではないのです。しかし、神のあの永遠なる子についてなら――言い換えれば、万物のなかに顕現し、とりわけ多くの人間の精神のなかに顕現し、なかでも最も多くイエス・キリストの精神のなかに顕現した神の永遠なる智慧についてなら――全然別に考えなくてはなりません」（「書簡七三」）。

パウロ

パウロは、新約聖書の著者のなかでは、スピノザが最もよく引き合いに出す人物である。しかし、彼だけではない。スピノザはヨハネの寸言を引用することも、マタイ福音書で語られる物語を引用することもある。スピノザは次のことを示すための引用を行なうときに、パウロの書簡に向かうのである。すなわち、使徒たちは著述するとき、預言者としてではなく学者として振るまっているということである。パウロの教説はヤコブのそれに対比される。前者が予定説を、後者は自由意志説を採るからである。このような対比がなされるのは、それぞれ自分自身の傾向性に沿って神の言葉を解釈しているのであって、一方の解釈が他方の解釈よりも神的であるわけではない、ということを示すためである。むしろ、少なくとも文言上は、パウロの神学はスピノザ思想と共鳴している。スピノザは『短論文』と『神学・政治論』においてみずからの思想を、宗教的伝統から借りてきた語彙へと翻訳しようと努力しており、そのような努力がその〔共鳴の〕証拠となっている。（もっとも、パウロよりもむしろヤコブの教説のほうが、能動に関するスピノザ説に合致するように見えるかもしれないのではあるが、この点については、先に〔『エチカ』第一部付録に関して〕生活の慣習と可能性の範疇について述べられたことがらを参照されたい）。しかしながら、パウロには甚大かつ必要な誤りが帰せられている。信仰を哲学と混同したという誤りである。なぜこれが甚大かといえば、それが、キリスト教が諸派に分裂する原因となったからである。しかし同時に、なぜこれが必要かといえば、その誤りがなければ、パウロはギリシア人へと訴えかけることができなかっただろうからである。ギリシア人の心性《インゲニウム》は（無益なものもひっくるめて）哲学的議論をその本質的な構成要素として含んでいるからである。

II　場所

イェルサレム

イェルサレムは『神学・政治論』において特別な位置を占めている。イェルサレムが破壊されたり攻囲されたりするという聖書中のエピソードが、スピノザの想像力につきまとっているように見えるのである。もっともそれらのエピソードが単独で言及されることは稀である。それらが論及されるのは大抵の場合、（純粋に言語学的な問題を含む）他の問題を具体化するためである。しかし、イェルサレムはまた、ダビデ王晩年の治世を包囲したさまざまな陰謀の舞台でもある。策謀に包囲されるという危機的状況のなかでもみずからの権力を保持したダビデ王は、アレクサンドロスに少し似ている。ダビデを仄めかす文言は、語りを具体化するためのエピソードとして意図されている（他方、ソロモン、パウロ、キリストに対する言及は逆に、教説や性格を冷静に描き出すために行なわれている）。スピノザにとってヘブライ人共和国の理想的な時代、すなわち彼らが平和と隆盛の両方を経験した時代とは、士師の時代、言い換えれば、モーセの死と〔サウルによる〕君主制の開始によって挟まれている時代である。このときイェルサレムはまだその首都ではなかった。

ローマ

これは最もよく言及される都市であり、しかもそのさい、歴史と文化が一緒に取りあげられる。そして、ほとんどつねに戦争との関連においてである。スピノザの教養形成においてはラテン文化が重要であるが、〔それにもかかわらず〕彼にはローマの政治に対する共感がまったくない。むしろそこは彼にとって、暴力を本質とする場所である。ヘブライ人国家やオランダの場合、彼は、それらの国家に破滅をもたらした誤りがなんであったかを自問しつつそれらの積極的側面を描いているが、彼はローマについてはその問いをけっして提起しない。〔なぜならば〕ローマの本性には暴政が初めから含まれているからである。スピノザは、ローマ共和制の歴史をしばしばティトゥス・リウィウスの著書で（マキアヴェッリの注釈〔『リウィウス論』〕と併せて）読み、ローマ帝政をタキトゥスの著作で読んだ。ローマの歴史に対する関心の理由は、まさに、それらの歴史家による警句が、人間の本質を描き出すのに役立つという点にある（ただし、引用は時に一般化ないし変形されている）。タキトゥスは、国家はその敵よりもその市民によって危うくされる、という思想をローマに当てはめているが、スピノザはそれを文脈から引き離し、あらゆる国家に当てはめるのである。タキトゥスは、ユダヤ人たちの迷信深さを描いているが、スピノザは、彼の警句を逆手に取り、それを部分的には人間の行為の一般的性格とするのである。また、「人間のある限り悪徳は滅びないであろう」という一節もタキトゥスに由来する。「二人の兵卒がローマ帝国の統治者を代えようと企ててそれに成功した」〔『国家論』第七章〕という事例もやはりタキトゥスから採られている。なお、ローマ史を通じて唯一の肯定的人物として知られるのは、〔『国家論』第五章で言及される〕ローマの敵ハンニバルである。

アムステルダム

壮年期のスピノザはもはやこの都市に居を構えてはいないが、彼は折に触れこの都市に戻っている〔『書簡集』がそれを証言している〕。この都市も、スピノザにとって一つの事例として登場する。『神学・政治論』末尾はきっぱりと次のように主張する。すなわち、哲学する自由はいかなる不都合をもたらさないし、それのみが、人間たちが相互に滅ぼし合うことを妨げるのである。「アムステルダム市こそは、そのよい例であり、この都市は見事な繁栄とあらゆる民族の驚嘆のなかにこの自由の果実を享受している。この栄える国家、この卓越した都市においては、あらゆる民族、あらゆる種類の宗派に属する人間が、皆きわめて和合的に生活しており、また、彼らが人に信用貸しをするにあたっては、その人間が富者か貧者か、また、その人間の平素の行動が信義的か欺瞞的かを知れば足りるのである。宗教や宗派について彼らは少しも顧慮していない。宗教や宗派の如何は、裁判官のもとで訴訟の勝ち負けを決めるにあたり何ら影響するところがないからである。どんなに憎まれている宗派でも、その信奉者たちは、何人をも損なわず、各人に対して各人の持ち分を認め、かつ、端正に暮らしさえするなら、政府の公的権威と助力とによって護られるのである(1)」。実状は必ずしもこうではなかった。過去において、レモンストラント派と反レモンストラント派の対立が国家の宗教に関して沸騰した。そのとき、世論に関して定められた法律は人びとをただすよりもむしろ怒らせたのである。したがって、アムステルダムは、過去および現在において、「自由の利点」と「政治と知的論争の混乱がもたらす危険」の両方の具体例となっており、この点で例外的である。

(1)『神学・政治論』第二十章第五節。

スペイン

元マラーノたちの文化およびスピノザの蔵書においてスペインがいかに重要であったかをわれわれはすでに〔第一章で〕見た。スペインは数多くの歴史的事例を提供している。〔たとえば〕『神学・政治論』の第三章におけるユダヤ人同化の問題である。また、『国家論』における正義の問題に関する箇所全体は、魅力的な人物であるアントニオ・ペレスの言に耳を傾けている。ペレスは、最初フェリペ二世の権力の走狗であったが、のちに寵を失って王に放逐された。ペレスはある司法制度のおかげで王から逃れ（その制度についてはスピノザがペレスに従って記述している）、フランスに亡命し書物を出版した。それらは、自己弁護であると同時に、ラテン語で「アルカーナ・インペリイー」と呼ばれるものの正確な描写である。これは当時、「国家の秘密」と訳された。すなわち、国家を存続させるための秘策のことである。今ならさしずめ、「奥の手」と言ったところであろう。

III 原理

スピノザは、著作が替わっても、いくつかの鍵になる定式を繰り返している。それは公理ではなく、むしろ中心テーゼである。これらのテーゼは、論証的秩序のなかで演繹可能であるが、同時に、経験によってあらかじめ把握されるのに充分な力をそれ自身で持っている。これらの原理は、議論の余地のない仕方で反論や偏見を抑えるのに役立つ。体系における位置づけから見れば、それらは言わば横断的である（このことは、「幾何学的様式」が単に線形的演繹をのみ意味するのではない、ということを思い出させる）。

「人間本性は一にして同じである」。

人間は自然の一部分にすぎない（「国家のなかの国家」ではない）のみならず、さらに人間の自然〔本性〕はそれ自身の恒常的な法則に従っている。この恒常性は、一見したところ、状況や時代や社会階層の多様性によって隠蔽されてしまうが、とどのつまり、人間の行為の分析によって必ずや見出される。それゆえ『国家論』は、たとえば、貴族たちが大衆の習俗をけなしがちであることについて、貴族たちにも〔大衆と〕同じ悪徳が——確かに洗練によって隠蔽されてはいるものの——見出される、ということを再確認するのである。このように、人間本性の単一性が国家論の核心部分を基礎づけている。すなわち、大衆の自由に対するすべての反論は、その反論の作者に跳ね返ってくるのである。

「我はより善きものを見てこれを可とす、されど我はより悪しきものに従う」。

この警句はオウィディウスからのものである。同じものがパウロの書簡にも見出されるが、スピノザはこれをラテン詩人〔であるオウィディウス〕によるものであるとしているし、それはごく自然なことでもある。〔オウィディウスの『変身物語』の登場人物〕メディアがこの警句を用いるとき、それは、自分の罪が知よりも強いこと、そして、正気が悪を防いでくれはしないことを示すためにであった。つまり、人間のなかには真理よりも強い何かがあり、徳は知識に還元されえないのである。したがって、この警句は、〔知識が悪を防ぐという〕ソクラテス的な道徳全体に抗する武器として登場しているわけである。しかも、この警句は十七世紀のすべての哲学者〔の著作〕に見出される。なぜならば、これは彼らすべてにとって一つの謎を具現化しているからである。すなわち、情念の力という謎である。それは単に、我を忘れさせる力ということではない。人間は、たとえわかってはいても、わかっているそのことを生かせないことがあるのである。このことがスピノザのうちに――しかも中心的な主題として――見出されるということは、彼の学説を「認識による救い」と見なす性急な解釈をすべて片づけるのに充分なはずであろう。論じられているのは、認識が「力」を持っているということであって、その「力」が〔情念に対して〕圧倒的なものであるということではない。それゆえに、理性の登場は、人間を隷属から引き離すのに充分ではない（『エチカ』第四部全体がなぜ「人間の隷属について」と題されているかを理解しない人たちは、やはりこの点を誤解しているのである）。

「他人を自分の意向〔インゲニウム〕に従って生活させる」。

各人はこのことに努める。この原理が類似性の規則に基づいているということはすでに〔『エチカ』解説において〕見た通りである。情念を抱く人間は自分の情念を他人に伝えようとする。しかし、この格言の及ぶ範囲はそこにとどまらない。理性は哲学者の心性《インゲニウム》である。この意味で、哲学者も、自分の哲学が妥当であることを他者に説得しようとするとき、この一般的原理を免れてはいないのである。それゆえ、必然的にスピノザ哲学は、その著者の性格ゆえにではなくその論理それ自体によって、戦闘的な哲学としての姿を現わす。戦闘的ということには二つの意味がある。〔第一に〕平和、安全、政治的自由を万人に与えることに寄与する、という意味。これは、『神学・政治論』と『国家論』がそれぞれ異なる手法で目論んだことがらである。〔第二に〕できるだけ多くの人間が至福という自由に到達するよう努力すること。これは、最初期の著作から表明されており、『エチカ』において実現されていることがらである。

IV 解釈上の争点

スピノザの著作に関する議論および注釈のかなりの部分は、これまで次のようなことがらを問題としてきた。すなわち、彼は無神論者なのか、神秘主義者なのか、汎神論者なのか、それとも唯物論者なのか、彼の決定論は『エチカ』を執筆するということと整合的なのか、といった問題である。実をいえば、このタイプの論争では、しばしば主張が論拠に先行してしまい、完全に空転している印象が生じる場合がある。にもかかわらず、〔無神論者、神秘主義者、などといった〕これらの修飾語の重みと限界を再確認することは有益であろう。なぜならば、スピノザ的な諸概念の意味を明確化する機会になるからである。

（一）無神論

自分が無神論者か否か、とスピノザが自問したことはないが、折に触れ彼は、この問いに答える羽目に陥った。彼がこの問いに触れるときはいつも、外部から来た圧力のゆえである。(1) しかし、「無神論」とは何を意味するのであろうか。もしそれが、ユダヤ教やキリスト教の神学者にとっての神――創造と摂理の神――を信じないことであるならば、スピノザが無神論者であることに疑問の余地はない。それどころか、さらに次のように言うこともできる。〔十七世紀という〕古典主義の時代では、無神論という非難は、神の存在の問題よりもむしろ、神と人間とをつなぐ媒介者に関わっていた、と。哲学者が神を創造主と見なすか世界の原理と見なすかはたいして重要でなく、次に挙げる三点を疑問視しているという嫌疑を掛けられうるならば無神論者として扱われることになる。それは、〔第一に〕神が人間に与えた法であり、〔第二に〕神が人間に語りかけ人間を救うための仲介者〔預言者たち、キリスト〕であり、そして最後に、神が人間に定め与える審判、罰、報いである。要するに、起源としての神よりもむしろ目的としての神を否認するという点に無神論という烙印が押されるのである。それゆえ、ほとんどの同時代人にとってスピノザが無神論者であった、ということは想像に難くない。とりわけ、悪と罪の問題を彼がどう扱ったかを考えればそうである。これは、彼がキリスト教的伝統に対して最も対立している論点かもしれないのである。しかし、彼自身は、〔無神論者という〕この告発に対して真剣に自己弁護する。なぜならば、彼は確かに、みずからが神と呼ぶものを――神学者たちが神を理解するさいの目的論的な角度からではないとはいえ――「真の生活のモデル」として捉えているからである。(2) スピノザにおける「神」という言葉の意味そのものについて問うならば、次のように考えてよい。彼はこの「神」という名前を、すべての個物がその様態であるところの唯一実体に与えたが、それは単に、幸運な同音異義のおかげをもって難を避けるためにすぎないのではない（また仮にそうだったとすれば、彼の狙いは大外れだったことになる）。それは、この実体が生気のない基体ではなく、本当のダイナミズム、本当の自由を生きているものであることを示すためである。実体のこのダイナミズムと自由が、諸様態のダイナミズムおよび自由の基礎である（諸様態が自由であるのは稀であるが）。そして、このダイナミズムおよび自由が人間のモデルであるというのは、人間がそれを模倣の対象とするという意味ではなく、人間がその力を現実化するという意味においてである。

（1）「書簡三〇」と「書簡四〇」。

（2）いずれにせよ、〔無神論者という〕非難は、神の存在と少なくとも同程度には倫理に関わっている、とスピノザは解した。というのも彼は、フェルトホイセンの書簡に対して「私は神を信じています」とではなく、「私の振るまいをご覧ください。私は名誉や富を蔑視しています」という趣旨をもって返答したからである（「書簡四三」）。

（二）唯物論

スピノザを唯物論者あるいは唯心論者に分類しようとする議論には、あまり意味がないように見えるかもしれない。なぜならば、〔そのような議論を検討してみれば、〕身体の役割あるいは『エチカ』第五部が独断的に重要視されていること、また、体系内における神概念の地位と意味について相矛盾する解釈が与えられていることがわかるからである。属性間の相互作用が否定されているからには、厳密に言って、延長から思惟への作用（それゆえ身体から精神への作用）も、思惟から延長への作用（それゆえ精神から身体への作用）も、ともに否定されている、ということが思い出されねばならない。しかしながら実際には、スピノザを唯物論者として特徴づけることは次の二つの観点から可能である。

（a）哲学の伝統における多数派は、延長と物体を思惟と精神よりも劣ったものと見なすが、そのような多数派に抗してスピノザは、それら二つの属性のあいだに平等なバランスを維持し、また、「神は延長したものである」（『エチカ』第二部定理二）と主張している。このことはそれだけで、物体と延長を格上げし、それらの自律、ダイナミズム、固有の力を提示するということに事実上帰着するのである。

（b）スピノザは、思惟属性および精神について、それらが物理的延長の場合と同じく法則をもっており、まったく同じ程度に厳密な科学の対象となると考え、そこにいかなる玄妙なるものを残存させることをも拒否する。スピノザのこのような議論そのものが、実際のところ、唯物論的な論調に属しているのである。スピノザのこのような立場を確証するものとしては、彼が（おそらく）デモクリトスやエピクロスを参照している箇所や、ルクレティウスと類似している文言を挙げることができる。

(三) 決定論と自由意志

絶対的必然性を認める哲学が倫理的な生き方について助言する、ということはいかにして可能であろうか。偶然性の余地も可能性の余地も認めない思想が〔同時に〕自由の肯定論をもって自任する、ということはいかにして可能であろうか。このパラドックスはこれまでいくたびも指摘されてきた。体系の内部に非決定論という薬をいくらか点滴することによってこのパラドックスを解消することはできない。問題はそこにはない。問題は以下の二点に集約される。

（a）自由を決定性の完全な不在と取り違えてはいけない、ということは、きわめてよく知られており、きわめてよく認められていることでもある。なぜならば、もしそのような混同をしてしまうならば、〔決定性の〕この完全な不在がいかなる意味で望ましい状況であるのかがほとんどわからないからである（決定論に対立するものとしての自由が賞賛されるならば、かりそめであれ自由の善用が前提されており、単純な偶然のごときものが求められているわけではないのである）。

（b）「自然の秩序」と「人間の選択」は、二つの異なる問題である。おおかたの法則に通じておらず状況についても無知であることが、事実として、日常生活における可能性〔の概念〕に場所を与える。決定を下さねばならず、しかも決定を下すにあたって有限な条件下にある人間にとって、問いは「何を選ぶか」という形で立てられるのである。人間の選択は非決定なものではないし、人間の行為の結果もまた、人間が選択したわけでもなければ完全に認識・統御しているわけでもない（内的なものも含めた）状況によって決まる。まさにそれゆえこそ人間は「理性の指令《ディクターミナ・ラティオーニス》」を必要とする。しかしながら、〔命令法ではなく〕直説法の哲学であっても、規範的な部分を含みうる(1)。あらゆる事物には原因がある、という事実についての一般的知識は、人間の〔個々の〕行為にけっして介入しない。しかし、こういったことがらは、幻の自由を人間に与えるのに寄与するわけではない。むしろそれは、人間の行為の過程を包み込む不透明性を理解させるのに寄与するのである。

（1）参考文献【67】を参照されたい。

（四）神秘主義

『エチカ』第五部――より正確には、その後半――は、これまで注釈者たちに手ごわい問題を提示してきた。彼らのなかには、〔第一に〕そこにスピノザ哲学の基本的テーゼの放棄を見て取った者もいる。また〔第二に〕、他の箇所では拒否されている人間的生の宗教的理解に対する単純な譲歩を見て取った者もいる。最後に、それ以前の箇所では数学的形式によって暫定的に隠されてきた、この書物の真意の開示を見て取った者もいる。実際のところ、何もかも、〔「神秘主義」という〕言葉の意味をどう解するかに掛かっている。しかし、言葉の意味は単に言葉の問題にすぎないのではない。教説が、個人と絶対者との関係を真剣に考察しさえすれば、あるいは、議論の筋道が、国家の構造や知識の直接的発展に専念することを止めるならば、それら教説や議論を「神秘主義」と呼びたいというのならば、スピノザを神秘主義的と形容することはいつでも可能である。もっとも、そのように〔神秘主義的と〕形容したからといって、その体系の理解が大いに進むわけではない。しかし他方、「神秘主義」という語によって、神秘的経験――あるいは、理性を超克して認識のより高次の形態へと向かうこと――が理解されるならば、誤解の真っ只中に放り込まれることになる。『エチカ』の末尾で論じられている永遠性の経験とは、けっして、霊的かつ禁欲的な道程の終着点として与えられているものではない。むしろ逆にそれは出発点である。なぜならそれは、あらゆる経験と同じく、万人に共有されているからである。そのかわり、認識の道程は、最終的には、この〔永遠性の〕経験によってはわからない諸原因を知らしめる。認識種類の相違に関していえば、第二種の認識はけっして第三種の認識よりも下位に位置するわけではなく、また第三種の認識はけっして、理性を放棄して何かよくわからない非合理的な融合へと飛びつくことでもない。第二種の認識と直観知による認識とのあいだには断絶が存在しないのである。それらは、対象が異なっているにすぎず、確実性の程度が異なっているのではない。それらは両者とも、すでに見たように、同程度に論証的なのである。

第四章　受容

I　『神学・政治論』への批判

一五〇〇年間、スピノザの第一のイメージは、無神論者あるいは不敬虔者のそれであった。彼が肯定的な関心を呼び覚ましたとしても、それは、宗教に関してすでに批判的な見方をしていた思想家たちにおいてであった。しかも彼らのスピノザ解釈は、しばしば、その論敵の解釈をシンメトリックに裏返しにしたものであった。

一六七〇年における『神学・政治論』の出版は晴天の霹靂であった。それは、信教の自由、言い換えれば、宗教選択の権利を表明・弁護しており、人びとはこの点を非難した（宗教選択の権利とは無宗教である権利として解された）。そのような権利を認めれば――とりわけ（『エチカ』第四部で体系化されているような）善・悪の相対性がそこに付け加われば――社会が崩壊するに違いないと思われたのである。また、聖書への批判も容認しがたいものと見なされた。とくに、「モーセ五書」の著者がモーセではないという証明（ただし、これは『神学・政治論』の一つの章の半分を占めているにすぎない）と、〔旧約聖書のテクストに〕母音符が付けられた時期が〔想定されているよりも〕遅いという主張は、伝統的な聖書注釈を混乱させ、護教論者たちの憤激を惹き起こした。

公式の攻撃の第一波は、ライプニッツの師であるヤーコプ・トマージウスから来た。そして間もなく、一連の神学者や大学関係者たちがこの著作を告発した(1)。スピノザの〔無神論者としての〕イメージがゆらぐのは、旧約聖書に関してリシャール・シモンやジャン・ルクレルクが展開した論争においてである。スピノザの勝利の印となるのは、ボシュエがその『世界史論』のなかで——スピノザの名前を挙げずにではあるが——聖書のテクストに捩《ねじ》れが存在することを認めざるをえなかった、という事実である（もっともボシュエは、そのような捩れは重要ではない、と言いたいのであるが）。このように正統派すらも、〔かつて〕自分たちの権威と正当性を声高に表明していた個々の論点について、退却せざるをえなくなったのである。

（1）フランス〔からの告発〕に関してはヴェルニエールの学位論文〔参考文献【78】〕の最初の数章を参照されたい。ドイツに関しては、参考文献【68】に所収のヴァルターの研究を参照されたい。また、クリストフォリーニによって組織されたコルトナ・セミナーの論文集（参考文献【69】）も参照されたい。

II　実体の単一性

論争の第二の主要テーマは、形而上学、とりわけ実体の単一性と必然主義に関わっている。このことを、三人の人物を通して具体的に見よう。ベール、マルブランシュ、ライプニッツである。ピエール・ベールは、『歴史批評辞典』の一項目をスピノザに充てた。多くの読者は、スピノザ主義についてのベールの要約を通してそれを身近に知った。なぜならば、スピノザの遺稿集よりも入手しやすかったからである。ベールはスピノザの生涯を、有徳の「無神論者」のモデルとして賞賛した（カルヴァン主義のテーゼを極端にまで推しすすめたベールにとって、無神論は偶像崇拝ほどには危険でなかったわけである）。しかし彼は、スピノザの学説を、能産的自然と所産的自然を混同したものとしてカリカチュアライズする。すなわち、スピノザ主義は、世界のなかのさまざまな矛盾を理解不可能なものとする神と世界との大々的融合として描かれるのである。ここに受容可能性の限界がある。それは、ベールに特有のカルヴァン主義ゆえの限界である。唯一実体の思想は、〔神の〕超越性を奪う。その思想は、理性がドグマで守られることなく見捨てられその固有の最果てに行き着くときに陥るさまざまな矛盾の具体例である。[1] マルブランシュが叡智的延長の説を展開するとき、彼の論敵は、それをすかさずスピノザの唯一実体に帰した。ライプニッツに関していえば、彼は、デン・ハーフにいたスピノザと書簡を交わし、対面まで果したが、しかし彼を非難もした。とりわけデカルト主義者たちとの論争において、スピノザ主義の根源はデカルト主義にあると指摘しつつ、スピノザを非難した。しかし、ときにライプニッツの形而上学は、『エチカ』との対話から――あるいは、デカルト哲学からスピノザが取りあげた諸問題に対し彼とは別様に答えようとする努力から――生まれたもののように見える。〔第一に〕モナドは、唯一実体を複数化しつつも、その自発性を継承しているように見える。〔第二に〕予定調和説は、〔心身合一という〕デカルト主義の難問を解決することを目指しているが、この難問は、すでにスピノザが思惟と延長の「並行論」によって解決していたものである。最後に『弁神論』は、〔行為に対する〕強制としての必然性を普遍的規則として認めることなしに、決定性の観念を考える試みである。[2]

（1）参考文献【70】を参照されたい。

（2）参考文献【71】【72】【73】【74】【75】を参照されたい。

Ⅲ　スピノザの影響

しかしながら、スピノザには誹謗者しかいなかったのではない。彼の生前に〔アムステルダムで〕形成された「スピノザ・サークル」を継承する形で、いくつかのサークルもまた存在したのである。それらのメンバーには二つの種類がある。一方は、チルンハウスのような学者たちである。彼の『精神の医学』（一六八六年）は、いくつもの点で、『知性改善論』の諸教説とデカルトおよびライプニッツの方法を統合しようとする試みである。他方は、ファン・ハッテムやレーンホフのようなキリスト教徒である。このようなスピノザ・サークルの存在は、二つのモデル小説によって証明される。すなわち、『フィロパテル伝』と『フィロパテル伝・続篇』である。これらの小説は、十七世紀末のオランダの知的雰囲気においてどのような学問的議論が展開されていたかを例示している。

スピノザ主義者になるのは偶然だったのではない。しばしばスピノザ主義は、デカルト主義のいくつかの非正統的な原理に対して距離を取ったことの結果であった。それゆえ、デカルト派の陣営は、自分たち自身とスピノザ主義者とのあいだに一線を画すために、スピノザ主義を論駁することに熱心であった。そしてそれを見た〔改革派教会の〕正統派陣営は、デカルト派の〔スピノザ〕論駁が不充分であってほとんど偽装弁明のような代物にすぎないことを示すために、彼らを論駁したのである。それゆえ、デカルトが

「スピノザ主義の構築者《アルキテクトウス・スピノチスミー》」なのか、それとも「スピノザ主義の破壊者《エウエルソル・スピノチスミー》」なのかを明らかにしようという論争が巻き起こることになった。要するに、このようなスピノザ受容は、この世紀の哲学〔すなわちデカルト主義〕が分裂してゆくことの――また、いくつかのプロテスタント国では、デカルト主義とカルヴァン主義の関係が崩壊してゆくことの――証左であると同時に要因でもあるのである。実際のところ、オランダにおいて、またドイツのいくつかの大学において、改革派神学は、デカルト主義的スコラ学をいち早く採用していたのである。〔デカルト主義とカルヴァン主義の〕まさにこのような結束が、スピノザ主義に関する初期の討論の結果として、解消されたのである。というのも、〔デカルトによる〕「思惟する我《エゴ・コギト》」の形而上学は「超越神」および「無からの創造《エクス・ニヒロー》」の発見を基礎づけるものであり、この形而上学によって啓示宗教を合理的に正当化しようという試みが早期になされたが、そのような試みは、思惟能力としてのデカルト的理性をもとにしてスピノザが展開したさまざまな主張と真正面から衝突したからである。すなわち、「唯一実体」「内在神」そして「人間的意識の範囲を超えた、神の一属性としての思惟」といった主張である。

IV 汎神論とカバラ思想

前途有望な二つの新解釈が十八世紀初めに現われる。〔第一に〕ロックの弟子として出発したトーランドが、「汎神論」という言葉を、神と自然全体とを同一視する教説を指し示すために発明する（『真説ソッツィーニ主義』一七〇五年）。彼によると、汎神論こそがモーセの思想であり、スピノザの思想であり、すべての啓示宗教に共通する真の基礎であった。このとき以降、スピノザ説はしばしば汎神論として非難され、またたいていの場合、（トーランドの意に反して）顔を隠した無神論という偽善と見なされた。

〔第二に〕ヴァハターという人物が、スピノザ主義をカバラ思想の枠で解釈する。彼は、スピノザ主義とカバラ思想の両方を、世界を神と見なしているという理由で非難するのである（もっとも、その後の彼は、ミイラ取りがミイラになる）(1)。すなわち彼が示したのは、スピノザをユダヤ的伝統に結びつけるという真剣でオリジナルな解釈法である。というのも、それ以前の論争では、「ユダヤ人かつ無神論者《ユダエウス・エト・アテイスタ》」という反ユダヤ主義的な罵詈雑言が散りばめられることがあったし、また、マイモニデスとの比較というような古典的な手法しか見られなかったからである。これ以後、〔スピノザをカバラ思想と結びつけるという〕このモチーフは、〔解釈史のなかで〕定期的に再登場することになる。しかし、このモチーフにふさわしい厳密さを備えた解釈者はまだ一度も現われてはいない。

（1）参考文献【76】【77】を参照されたい。

V　新スピノザ主義

十八世紀、とりわけその後半に、スピノザの〔知的〕遺産について新しい解釈が提示される。それは、生物学の新展開と結びつけることによって、唯一実体説に新しい意味を見出そうという解釈である。ディドロの進化論はその好例であると言ってよかろう。ディドロは当初、スピノザ主義を理神論や無神論と比較対照した〔『懐疑主義者の散歩道』、一七四七年〕。その後『百科全書』において彼はスピノザの体系を説明かつ批判するが、そのときの論法は、間違いなくベールやブルッカーが深く影響しているものであり、おそらく〔当時〕彼はスピノザの著作を直接読んではいなかったであろう。〔スピノザに対する〕その批判の内容も〔『百科全書』における多くの哲学的項目の場合と同じく〕、執筆担当者の個人的判断にあまり関与しないオーソドックスな修辞を取り入れたものである。しかし、ついにディドロは、『ダランベールの夢』およびその同時期の他のもろもろの対話篇において、感覚的物質の形而上学を練りあげる。この立場によると、「宇宙にも、人間にも、動物にも、実体はもはや一つしか存在しない」。この唯一実体とは物質であるが、しかしそれは、生きており力動的であり絶えざる流れのなかにある物質である。ここに見出されるのは、物質から生命へ、生命から思惟への移行について議論しようという〔知的〕雰囲気である。「個体は唯一つ存在するだけであり、それがすべてである」。このような新スピノザ主義の他の事例としては、ラ・メトリがいる。また、類似した思想はモーペルテュイ〔それは別の背景から出てきた思想であるが〕にも、またブノワ・ド・マイエの『テリアムド』にも見出される。つまり、それは時代の特徴なのである。[1]

（1）参考文献【78】を参照されたい。

つまるところ、十七世紀に人びとはスピノザ主義を神学的論争の文脈において読み、啓蒙主義の時代になってもそれを同じ文脈に止め置こうとする動向があったが、右に見たような進化論は、スピノザ主義をそのような神学的批判から抜け出させるための努力の印となっているのである。それは、スピノザ主義を「力と生成の形而上学」の核として捉えようとする努力である。そのさい、スピノザのテクストの文言および数学的な構成は無視されねばならないことになる。なぜならば、〔数学とは〕別個のモデルによって必然主義を一新するためである。すなわち、当時誕生しつつあった「生物学」というモデルによってである[1]。

（1）スピノザ主義の別の痕跡は、〔ベネディクト会士〕デシャン師に現われている。参考文献【79】を参照されたい。

VI 汎神論論争

スピノザ主義は、原子論およびソッツィーニ派と結びつけられる形で、非常に早期にドイツに紹介された。その後、神学の分野で、エーデルマンが著書『モーセ』を通じて、スピノザ的な聖書解釈を、その帰結をさらに過激なものにしつつ紹介した。その結果、エーデルマンに対する一連の迫害の火蓋が切られることになった。しかし、十八世紀の終わりになると、ドイツにおける聖書学の発展によって、かつてはまったく異端的であったいくつかのテーゼが一般的なものとなった。

まったく別のことがらについて、かの大論争が生じることになる。すなわち、汎神論論争《パンテイスムス・シュトライト》が、レッシング死後の一七八五年に、彼の信仰をめぐって生じるのである。レッシングは生前、寛容を擁護し、『ヴォルフェンビュッテルの無名人の断片』を出版した（これは〔啓蒙主義者〕ライマールス〔の遺稿集〕である）。そして彼は、メンデルスゾーンとともに、啓蒙主義《アウフクレールング》の到達点を具現していた。啓蒙主義とは、伝統を批判しながらも、啓示宗教の正当化にも熱心な立場である。すなわち、迷信を排除し、啓示宗教を寛容なものとし、理性の体系内において啓示宗教にも一定の場所を与えようとするのである。これに対して、正統派のなかでも最も熱心な一派は当然ながら非難したが、他方、多数の教養ある信者は共感した。そういう状況下で、一七八五年ヤコービが『スピノザの学説に関するM・メンデルスゾーン宛の書簡』を出版する。そこで彼は、レッシングが密かにスピノザ主義者を自認していたことを暴露する。レッシングの最終的な思想は、次のような有名な公式に要約されるというのである。「神性に関する正統派の概念は、もはや私に関係ない。私はそれらを是認できない。一にして全《ヘン・カイ・パン》。私は他に何も知らない」。『エチカ』のテクストを逐語的に再現することが重要なのではない。「スピノザ主義」とは、あらゆる啓示宗教に抗して、世界のさまざまな諸変状の彼方に世界の原理的統一を見出す思想のことである。〔ヤコービの暴露に〕激怒したメンデルスゾーンは、『朝の時間』のなかで、〔ヤコービによる〕この非難からみずからの友人の名声を守ろうとする。学界で重きをなす人物すべてがこの論争に介入し、スピノザを再読し、その学説を再吟味し、啓蒙主義時代に一般的であった〔スピノザについての〕見方を問題視した。実際のところ、この論争は、啓蒙主義のもろもろの矛盾を顕《あらわ》にすることで、その息の根をとめた。それは一世紀前に〔十七世紀末に〕、ある別の論争が、デカルト主義〔的スコラ学〕のもろもろの矛盾を白日の下にさらしたのと同じである。[1] また同時に、ヤコービは、スピノザ哲学は理性によっては反駁できないと述べていた。したがって、スピノザ主義を超克するためには、「命がけの跳躍《サルト・モルターレ》」が必要である、ということになるのである。これは、〔宗教から〕独立した哲学的思惟の基盤を作るという希望を捨てていなかった者たちにとって、スピノザ主義を形而上学として正当化することになった。これ以降、スピノザが啓示〔宗教〕にとって危険視されるのは、〔啓示に対する〕その不信のゆえでなく、むしろ彼が、教会に依拠せずむしろそれと競合する教説——すなわち、哲学と宗教を唯一の精神の顕現として理解する教説——の担い手である可能性を秘めていたからである。〔哲学と宗教を唯一の精神の顕現として理解するという〕この思想がまさに、ロマン主義へと、さらにはドイツ観念論のもろもろの壮大な体系へとつながってゆく。時は熟し、スピノザはこれ以降相貌を変えるのである。

（1）「ある別の論争」とは、本章第三節「スピノザの影響」の後半で言及されている論争のことである〔訳注〕。

Ⅶ　ドイツ的伝統

ロマン主義者たちは、汎神論論争から、新しいスピノザ解釈を引き出した。そこでは、無神論者という伝統的な人物像は消え、「神に酔える神秘家」（ノヴァーリス）という正反対の人物像がそれに取ってかわる。また同時にロマン主義者たちは、「神への知的愛《アモル・デイ・インテレクトゥアリス》」を、ヨハネ福音書のロゴス（ことば）に近いものと解した。レッシングとヤコービの議論のきっかけとなったのはゲーテの『プロメテウス』であるが、当のゲーテはスピノザを、「最も有神論的で、最もキリスト教的」と評した。それゆえ、この時期以降、正統派の非難も、自由思想家たちの反キリスト教的議論も、〔スピノザ解釈にとって〕縁遠いものとなる。スピノザ主義は、壮麗な形而上学として一気に認められたのである。たとえばヘーゲルは、あらゆる哲学者には「スピノザ主義を選ぶか、それともまったく哲学を選ばぬか」という選択が課されている、と述べる。これはけっして、スピノザ主義にとどまらねばならないという意味ではない。スピノザ哲学は必須の出発点だというのである。なぜなら、それは〔唯一の〕実体を肯定しているからである。しかし、実体を主体として、つまり、自己運動の力を持つものとして思惟することは、〔スピノザによってではなく〕弁証法によって果たされる課題である。なぜならば、スピノザにおいて実体は不活性かつ空虚だからである。それゆえ、スピノザ主義は無神論として非難されるよりもむしろ無宇宙論と見なされるべきものである。というのも、スピノザが神を唯一者として規定したのはいいが、彼は、世界の実在的かつ多様な存在を正当化するための手段を持ち合わせていないからである。ヘーゲルが解するところでは、〔スピノザの言う〕属性とは知性が実体を捉えるさいの観点にすぎない。それゆえ、〔スピノザの言う〕実体は、内的な異化作用を何も持っていない。そこでヘーゲルは、スピノザ的な〔実体の〕不活性に対する正し方を示す。それは、思惟に依拠しつつ延長を考える、という方法である。すなわち、精神の運動を〔世界生成の〕プロセスのなかに導入するのである。換言すれば、ヘーゲルは、まさにスピノザ主義に対するみずからの批判的評価において、自分自身の哲学の定義を明らかにしているのである[1]。

(1)〔スピノザおよびヘーゲルの〕これら二体系の比較照合に関しては、参考文献【80】【81】を参照されたい。

スピノザのこのような影響力は、ドイツ思想のなかで、さまざまな形で生きつづける。ショーペンハウアーは『知性改善論』の冒頭箇所を賞賛する。マルクスは、一八四一年『書簡集』と『神学・政治論』を読んで覚え書を作る。ニーチェは「一八八一年七月三十日付オーベルベック宛書簡」で、「私には先達がいた。しかも何という先達であろうことか」と書く。彼が以後のみずからの思想を衝き動かす重要な諸概念を練りあげたのは、まさに〔このオーベルベック宛書簡の直後の〕一八八一年八月である。〔スピノザとニーチェの両者における〕概念間の近接性はこれまで指摘されてきたことがらである。すなわち、「喜び《ラエティティア》」と「力への意志」、「神への愛」と「運命愛」、「必然性」と「同一なるものの永劫回帰」のあいだの近接性である。[1]

（1）参考文献【32】第二部第五章を参照されたい。

VIII 十九世紀フランス

折衷学派の巨頭でありその後大学制度の指導者ともなったヴィクトール・クーザンは、二つの敵と戦った。感覚主義および伝統主義という敵である。そのさい彼が最初に後ろ盾としたのは、ヘーゲルとスピノザであり、そのために彼は右派から汎神論者として批判された。そこで〔のちに〕クーザンは、これらの厄介な後ろ盾を捨て去って、「最初のフランス人心理学者」として祭りあげられていたデカルトの後継者を自任した。このようにして彼は、意識の分析を形而上学の基礎としたのである。このような状況下で、クーザンとその弟子たちは、スピノザがデカルト哲学を歪曲したと非難した。すなわち、スピノザは意識と経験の教えを軽視し、数学の悪魔に取りつかれて絶対的必然性を肯定するに至ってしまった、というわけである。そのようにしてスピノザは、汎神論――より正確には、二種類の汎神論のうちの一方――に陥ったのである。それは、神を世界に吸収する汎神論ではなく、世界を神に吸収する汎神論である（〔これら二種の汎神論の区別には〕ヘーゲルの教えが生かされている）。つまりそれは、唯物論というよりはむしろ、デカルト哲学をいわば神秘主義的に歪曲したものと見なされうるものである。このようにしてクーザン学派は、〔スピノザ解釈の〕ステレオタイプを拵えあげ、これは以後、フランスの大学界において、またクーザン学派の影響下にある人びとにおいて、長く通用することになる。

しかしこのような解釈は、クーザンのそれよりもずっと過激なスピリチュアリスムによって批判される。この立場は、スピノザを介してデカルトを攻撃したのである（これはライプニッツの戦略と同じである。ちなみに、この立場の代表者は、ライプニッツの未刊著作の出版者フーシェ・ド・カレーユであった）。晩年のクーザンは、デカルトとスピノザとの隔たりをさらに大きいものにしようと努めることで自説を擁護する。そのさいクーザンは、スピノザが汎神論を着想したのはユダヤの伝統、とりわけカバラによってである、と述べた。これ以後、〔汎神論という〕この教説は、デカルト的学問に由来するものではなく、デカルト的学問を歪曲したものですらない、ということになる。

他の批判は実証主義者からのものである。彼らは、クーザン主義者が用いるレトリックが人間性の発展の実在的な法則を説明できないという点を非難した。テーヌがその好例である。彼もまたスピノザを後ろ盾にする。なぜならば、彼はスピノザのうちに、その当時まできわめて嫌悪されてきた決定論を見て取るからである。われわれのすべての行為は法則によって決定されており、それらの法則は、自然の対象を支配する法則と同様に説明可能なものである。ラ・フォンテーヌ〔が記した寓話〕やティトゥス・リウィウス〔が描いた歴史〕――さらには人間の情念と民衆の気質――は、『エチカ』第三部・第四部がわれわれに与えてくれたモデルに基づいて解明されうるのである。このように、テーヌが描き出すところでは、スピノザは、最も客観主義的なタイプの社会科学の先駆者として扱われているのである。

IX　文学者による読解

この後スピノザが文学上の人物として登場するようになるのは、時代的にかなり先のことである。そのような試みを最初に思いきってやったのは、ドイツにおけるスピノザの翻訳者かつ伝記作家、ベルトルト・アウエルバッハである。民主制と進歩のための戦いに人生を賭けたリベラルなユダヤ人であった彼は、ウリエル・ダ・コスタとスピノザを、伝統にとらわれない思想の代表者として捉える。天才は、進歩へと続く道に人びとを導くという使命をもつが、しかし迷信と理不尽にぶつかるものなのである。イギリスでは、ジョージ・エリオットが『エチカ』と『神学・政治論』を翻訳したのちに、みずからのいくつかの小説でスピノザ的な道徳を散りばめた。すなわち、隷属と自由と、観念の十全性と非十全性と、有限な善への欲望と真理の探究とを対比する道徳である。フランスでは、ポール・ブールジェがみずからの小説『弟子』において、（テーヌ流に解された）スピノザに、「悪しき師匠」の役割を演じさせている。小説の主人公は、その生活全体が一つの言葉——すなわち、「思惟する」という言葉——に要約されるところの現代哲学者である。彼は慈愛をみずからに禁じる。なぜならば、彼はスピノザよろしく「あわれみは理性に従って生きる賢者にとっては悪しきものであり、無用である」と考えるからである。彼は、キリスト教のうちにある「人道性という病」を嫌悪する。彼は、ダーウィンとスピノザに基づいて次のように考える。「道徳的宇宙は物理的宇宙を正確に反映している」、そして「前者は、後者に伴う意識——苦しみや恍惚をおびた意識——にすぎない」。この小説の教訓は、このような哲学が罪を生み出すということである。すなわち、弟子が師匠のこういった諸原理を過度に適用すると、その人格のうちに罪が生じる、ということである。なお、この師匠が「きわめて温和」な人物として描かれているということは、けっして情状酌量のためではない。その意図は、有徳の無神論者たちは他のいかなる者よりも始末に負えない、ということを示す点にある。

X　精神分析

二十世紀において次のような思想——すなわち、たとえ漠然としたものであれスピノザ主義との類縁性を自認するところの、あるいは、スピノザ主義から影響されたことを認めるところの思想——を探すとすると、しばしば、本来的な意味での哲学の外部に目を向けなければならない。精神分析がその一例である。フロイトは、スピノザを引用することはほとんど一度もなかったし、おそらくスピノザを読んでもいなかったであろう。しかし、彼はあるとき、〔スピノザとの関係という〕この論点についての質問に対して、自分はいつも「スピノザ的な雰囲気のなか」に生きてきた、と返答した。彼に近しい人物のなかには（たとえばルー・アンドレアス・ザロメ、ヴィクトール・タウスクのように）スピノザの教説と人物像に通暁している者もいた。その後しばしば、精神分析の歴史にはスピノザの亡霊が姿を現わすことになる。たとえばジャック・ラカンが、フロイト的な精神分析に合致していると彼が判断する主張をたった一人で守り通すために、精神分析の正統派と袂をわかつとき、彼はそのことを、スピノザがアムステルダムのシナゴーグから追放されたさいの「破門《ヘレム》」になぞらえるのである。

XI　十九世紀と二十世紀のユダヤ教

スピノザに対する言及は、ユダヤの啓蒙活動（「ハスカラ」と呼ばれる）において一定の役割を果たした。すなわち、その活動においてスピノザは、ゲットーからのユダヤ人の解放運動および宗教的伝統からのユダヤ教の解放運動の先駆者と見なされていたのである。その後、ベルリンのユダヤ人哲学者コンスタンティン・ブルンナーは、自分に影響を与えた人物の一人としてスピノザを挙げ、精神と身体とは一なるものであるという教説を展開した。この教説は、専門哲学者たちのあいだではほとんど成功しなかったが、医師や生物学者などのさまざまな分野に多大な影響を及ぼした。最後に言及すべきは、シオニズムにおいてもスピノザの人物像が疑いようのない役割を果たしたということである。このことは、ベン・グリオンやヨーゼフ・クラウスナーにおいて確認される。後者は、ユダヤ教の歴史家であり、イエルサレムにあるヘブライ大学の創立者の一人である。

XII　二十世紀文学

スピノザの礼賛者のなかにナチズムに関係した作家がいる、ということは思いもよらないことであろう。しかしながら、エドヴィン・グイド・コルベンハイアーは、まさしくそのような人物なのである。確かに、彼の小説『神を愛す』（一九〇八年）はナチス独裁よりもずっと以前の作品である。しかし、それに浸透している思想の特徴は、非合理主義および偉人崇拝であって、これらは、著者のその後の展開を予見させるものである。その小説において大衆は、生命力の化身ではあるものの、自分自身の破壊の原因を内包している存在である。民衆は隷属へと生まれついているのである。例外的な個人（この場合はスピノザ）は、群衆のこの力に魅惑されはするが、この獣的な荒々しさを拒絶する。

合理主義的観念論の伝統は、スピノザからまったく別の教訓を引き出す。ロマン・ロランは、「フェルネーの閃光」と「トルストイの閃光」のあいだに「スピノザの閃光」があったと言う[1]。「存在するものはすべて神のうちにある。そして私もまた、神のうちにある。私は、冬の日の暮れた凍てつける寝室から抜け出して、実体の深淵――すなわち、存在の白日――へと入る」。ジュリアン・バンダの『知識人の裏切り』は、基本的にモーラスとバレスの非合理主義に対抗するものであるが、彼はこの著書を結ぶにあたって、モーラスの議論を暗々裏に基礎づけている美的感覚の分析を行なっている。そして、バンダはその美的感覚に「正反対の美的感覚」を対置し、「どちらの美的感覚が〈知性〉を後ろ盾にしているか、という判断は読者に委ねる」と言うが、この「正反対の美的感覚」は、スピノザからの引用によって肉付けされているのである。[2]

（1）ロマン・ロランはその生涯において三度、インスピレーション（彼の表現では「閃光」）に打たれる体験をしたという。一度目は、フェルネーにあるヴォルテール旧宅を訪ねたときに生じ、二度目はスピノザ思想への共鳴として、三度目はトルストイ思想への共鳴として生じたとされる〔訳注〕。

（2）参考文献【82】。重要なのはこの書物の最後の注の最終部分である。そこで『エチカ』第一部・付録の最終頁から引用がなされているのである。「事物の完全性は単に事物の本性によって評価されるべきであり、したがって事物は、人間の感覚を喜ばす、あるいは悩ますからといって、そのゆえに完全性の度を増減したりしないのである」。

スピノザは、幻想文学にも登場している。カレル・チャペックの『絶対子工場』[1]（一九二二年）のなかで、一人の技師がある機械を発明する。それは、物質を完全に分解して絶対者――すなわち、物質のなかに閉じ込められている神――を解放する機械である。そして、その機械は世界中に、純粋かつ有害な状態にある神をまきちらし、結局のところ人間は破局に陥ることになる。「汎神論」と題された章では、例の技師は、彼の発明に関心を示した経営者に対して、スピノザを読んだことがあるかどうかを質問し、さらに次のように説明するのである。「スピノザの教えを知っていますか。物質は神という実体の顕現、言い換えれば、神という実体の一つの側面にほかならず、また、魂はその別の側面である――という教えです」。最後に言及すべきは、ホルヘ・ルイス・ボルヘスである。彼はスピノザにいくつかの作品を捧げており、「薄明かりのなかで神を構成する」哲学者にみずからが魅了されていることを認めたのである。

（1）邦訳は、カレル・チャペック『絶対子工場』（金森誠也訳）、木魂社、一九九〇年、および『絶対製造工場』（飯島周訳）、平凡社、二〇一〇年〔訳注〕。

スピノザ主義を形容することは可能だろうか。受容の歴史は、それを遠慮なく行なってきた。しかしたいていの場合、それらの判断は、〔スピノザの〕体系そのものについてよりも、それらの判断を下した者について雄弁であった。それらの判断は、〔スピノザに対する〕距離感あるいは賛嘆を表明するものであり、新しい理論的構成を可能にするものであった。少なくとも、それらは折に触れ思索の題材を与えてくれはした。誤解というものも無駄ではなく、さまざまな解釈も等価ではないのである。

「スピリチュアリスム」「神秘主義」「汎神論」――スピノザがそういった立場をとらなかったことは確実である。「無神論」「唯物論」――すでに見たように、これらの言葉を用いる際にはある用心が必要である。それらの言葉が実際のところ何かを表示しているとしても、それは、〔スピノザの〕教説の中身の表現というよりもむしろ、戦略的な駆け引きの場における立場の表現としてである。

要するに、スピノザ主義を形容するのに最も適している言葉は、おそらく「合理主義」である。しかし、この言葉は他のいくつかの哲学にもまた適合するので、表現そのものを厳密化しなければならない。「絶対的合理主義」。われわれは、ゲルーおよびマトゥロンが用いたこの言葉を誤解してはならない。それが意味するのは、理性が一気に遍在しているということではなく、実在の全体が理解可能である、ということである。われわれにとって、自然（そこには人間の自然本性も含まれる）を理解するために、理性より頼りになるものはないのである。

「歴史的合理主義」。この表現は、人間存在とはほとんど無縁な神に没頭している哲学者としてスピノザを捉える人びとを驚かせるであろう。しかしそれは、スピノザが次のようなもの――すなわち、真理の規範が生み出されてきた歴史、教会や国家の諸形態の発展、自由の具体的な歴史――を思索した哲学者である、ということを非常によく表わしている。

「戦闘的合理主義」。この表現が意図するのは、いくつかの〔伝記的〕逸話を参照することではなく（もっとも、それらは重要なものではある）、蒙昧主義者（ボクセルあるいはブルフ）に向かって発せられた挑戦的な表現を参照することでもなく、〔スピノザの〕体系が一つの目標をもっており、すべての言葉がそこへと向かっている、ということを想起させることにある。すなわちその目標とは、すべての人間に平和と安全と政治的自由を共有せしめる、ということであり、また、できるだけ多くの人間の精神を解放する、ということなのである。

日本語版のためのあとがき

暴露するものとしての日本

ピエール＝フランソワ・モロー

スピノザが日本について書いているのは彼の全著作のなかで二度だけである。しかしそれは、宗教と国家の関係という決定的な問題を論じているところである。より正確に言えば、それは、国家・市民・宗教・他国〔という四項間〕の関係という問題である。そして、二つではなく四つの関係項を取り上げているということが、彼の政治・宗教的な主張にはっきりとした陰影を与えている。

〔二箇所のうちの〕最初の箇所は、『神学・政治論』の第五章、すなわちこの著作の「神学的」部分にある。そこでスピノザは、宗教的儀礼（この場合はキリスト教の儀礼）がけっして幸福に寄与するものではなくそれ自体としては道徳的な力も持っていない、と述べている。それらは単なる印である。それらはそもそも国家によって定められたものでも国家のために定められたものでもなく、「社会全体にとって」有用なものなのである。〔宗教的儀礼の〕すぐれて社会的なこの性格から彼は二つの結論を引き出す。すなわち、第一に、人間は、もし一人で生きるならば宗教的儀礼に縛られることはない（しかし、ここで読者は、どんな人間が一人で生きるのかと訝しく思うかもしれない。人間はつねにすでに社会的であるのだから）。第二に、キリスト教が禁止されている国家で生活する者は〔キリスト教の〕宗教的儀礼を控えざるを得ないが、だからといって幸福になることが妨げられるわけではない。まさにここで事例が登場する。「日本という王国がその事例となる。そこではキリスト教が禁じられており、そこに暮らすオランダ人たちは東インド会社の命令により、あらゆる外的な礼拝を控えるように義務付けられているのである」（第十三節）。この事例は経験の次元に属しており、そして経験の役割は、推論がたったいま導き出したことがらを確証することにある。〔キリスト教の宗教的〕儀礼が国家の利益のために作り出されたのではない、と言えば、次のような事実に思い当たることになる。すなわち、キリスト教は（ヘブライ人の宗教あるいは古典古代の宗教とは異なり）当初、単なる個々人の宗教だったのであり、のちになって民衆全体がそれを採択したという事実、それゆえ、〔宗教の〕戒律は、近代国家にとっての法律を構成――イェルサレムやローマで妥当したような意味での構成――してはいない、という事実である。そうすると、それらの戒律が定める〔宗教的〕儀礼がまさに社会全体にとって有用である、という言明はどのような意味でなされているのであろうか。それらの儀礼は「普遍的教会の印」であるが、この「普遍的教会」に対してスピノザは制度的な価値をなんら認めない。ここで〔社会全体に有用なものとして〕考えられているのは、明らかに、ローマ＝カトリック教会のことでも、国家に圧力をかけ得るようないかなるもののことでもない。したがって、考えられているのは、キリスト（および彼以前のヘブライ人の預言者たち）の教えに含まれているメッセージ――すなわち、正義と愛――以外にはあり得ない。これらが市民どうしの平和と調和に寄与する限りにおいて、人は、いかなる意味で〔宗教的〕儀礼が社会全体に役立つのかを理解できるし（すなわち、その役割はこの〔正義と愛の〕必要性を間接的に思い出させることにある）、したがって、国家が儀礼を定めたわけでもなく国家のために儀礼が定められたわけでもないにもかかわらず、なにゆえに国家がそれを肯定的に捉え得るのかを理解することもできる。しかし、それらの儀礼はそれ自体では正義でも愛でもなく、それらの印にすぎないのであって、そしてもちろん、印はそれに意味を与える文脈においてのみ価値を有する。そういうわけで、国家が儀礼を肯定的に捉えることができるのは、儀礼が、正義・愛・調和という価値を効果的に思い出させるような文脈において執り行なわれる場合、そしてそのような場合のみであって、逆に、それ以外の文脈においては儀礼を奨励する理由はないのである。さて、キリスト教が存在せず、それどころか禁止されている国においては、〔宗教儀礼という〕この印は意味を失い、調和よりもむしろ不和をもたらす危険性さえある。したがって、これらの国に生きる個人はそれらを行なうことを控えねばならず、そうすることによって彼は、みずからの安寧を危うきものとせず——なぜならば、安寧というものは外的儀式に依存しないから——、また、居住する国の市民的平和を危険にさらすこともないのである。しかしながら、〔日本の〕この事例が、その直前に位置する推論と完全に同じことを述べているわけではないということには注意せねばならない。その推論が語っていたのは、しかじかの儀式を行なう義務がある（あるいは義務がない）個人（「…する者」）についてであり、彼らは自分で決断を下すということが想定されていた。他方、この事例が語っているのは、特定の国〔＝オランダ〕からやってきた個人に対して命令を下すその国の商社〔＝東インド会社〕についてである。スピノザがここでオランダという国家にはっきりとは言及していないということには注意すべきである。たとえオランダと東インド会社との緊密な関係について読者が知らないと想定されているわけではないのだとしても、スピノザは、あたかも、政治的機構からはさしあたり距離を取っているかのように見えるのである。要するに、神学的な問題に充てられている『神学・政治論』の最初の数章においては、人間社会についての言及は〔政治的よりも〕むしろ人類学的あるいは人性学《エトロジー》的な次元に属しており、政治はいわば手つかずのままにされているのである。政治が〔後の議論において〕どの場所に挿入されるかについては目印がつけられてはいるものの、政治は〔この段階では〕直接的な分析対象とはなっていない。また同様に、言及されている他国（「日本という王国」）も、この段階では演者というよりもむしろ舞台装置として登場している。すなわち、キリスト教の禁止は一つの〔背景的〕事実として確認されているわけなのである。

二番目の箇所は、最初の箇所をはっきりと参照するものではあるが、それとは対照的に、同じ論考の政治的部分――より正確には第十六章の最後の数行――に位置する。この章でスピノザは「国家体制の基礎」を確立した。彼の論法は、自然権および社会契約の理論のそれに似たものではあるものの、実のところ過激な自然主義によって変容されたものである。その論法を用いて彼は、諸個人の権利――言い換えれば諸個人の能力――をもとに国家の主権を演繹し、そして、この主権が実効的なものであるためにはそれは分割されてはならないということを指摘した。そこから明らかに帰結することは、人は主権者のこの権利に対して、宗教に由来するとされる権利を対立させることはできない、ということである。なぜならば、そのような場合、各人は啓示を言い訳にして自分の意のままに国家に背いたり破壊したりしかねないからである。したがって、国家は教会のもろもろの要求から市民を防御し、また国家自身を防御しなければならない。それゆえ国家は、その本来的な使命の名の下に、聖職者の活動に介入しそれを管理できるのであり、人は、個人的なものであれ集団的なものであれ信仰を国家に対立させることはできないのである。聖書そのものが、もし人がそれを正確に解釈するならば、以下のことを示している。すなわち、国家への服従は、そこに暮らす市民の義務なのであって、このことは国家の統治者たちの宗教がいかなるものであれ、また彼らが宗教に関して下す決定がいかなるものであれ、変わらないのである。スピノザは、歴史上の事例を引き合いに出したのちに、同時代へと論及する。「以上のことは日頃の経験によっても確かめられる。キリスト教国の主権者たちは、みずからの安全を高めるためなら、異教徒たちやトルコ人たちと同盟を結ぶことをためらわないし、また、これらの地に滞在しようと赴く臣民たちに、次のことを禁じることもためらわない。すなわち、人事であろうが神事であろうが、〔両国間の〕協定がはっきりと想定しているか相手国が容認している以上のことがらを遠慮なく行なうこと――これである。今述べたことは、われわれが先に言及した、オランダ人と日本人との協定のうちにはっきりと見て取れるのである」(二十二節)。このようにわれわれは第五章と同じ主張を見出すのだが、その表現は変容されている。第一に、日本はこの箇所ではトルコなどすべての非キリスト教国のうちの一つとして登場している。すなわち、〔第五章における〕最初の言及を読むときには日本には例外的な性格があると受け取られる可能性があったが、〔ここでは〕日本はそのような性格を失っている。第二に、ここでは東インド会社は問題になっておらず、オランダ市民は言及もされておらず、いまや、協定を交わし合っている主権者と主権者、すなわち国家と国家のレベルが問題となっている。ここでは北部七州〔=オランダ〕と日本が舞台の演者なのである。したがって、問題は国際法――あるいは、スピノザの場合はむしろ、国際法の代わりをする最小限のもの、すなわち、主権者どうしの現実主義的かつ明確な合意によって補完された、自国領土に対する各主権者の揺るぎない権力――の領域に属しているのである。そういうわけで、問題の角度は変化している。すなわち、個人にどのような義務があるか、ということはもはや問われておらず、〔代わりに〕国家の利害が問われているのである。議論は、人類学的なレベルからはっきりと離れ、政治的な段階に到達している。しかし、ここには同時に次のような一つの現実が姿を現わしている。それは、自然権の理論がめったに考慮しない一つの現実であり、スピノザ自身も少なくともこのような観点からは通常ほとんど言及しない現実である。それは、人間というものはある領土から別の領土へと往来する、という現実である。その場合、彼らに対して権力をもつのは誰なのか。もしも彼らが、自分たちがもはや居住していない国の市民ないし臣民にとどまるのならば、彼らは〔現在〕居住している国に対して何をしなければならないのか。ここでのパラドックスは、彼らの主権者は彼らに対して次のような命令を下すしかないように思われるということである——すなわち、〈他国の主権者に服従しなさい〉という厳命である。実のところ、事態はもっと複雑である。というのも、単一の空間における主権者と市民（臣民）のあいだの関係しか考慮に入れない通常の法的・政治的な言説は、市民がある国から別の国へと教育・商売・亡命・諜報・共謀のために往来するということを度外視するからである。最初の〔社会〕契約に基づくものとして国家を描き出すことは、個人のこのような流動性を無視しているが、もろもろの国家が実際に行なっている慣行は、そのような流動性を活用すると同時に警戒もしている。そして、国家の慣行は〔他国との〕協約に明記されていることがらに必ずしも制限されるわけではないのである。個人の移動というこの問題について、『神学・政治論』の二つのとらえ方（すなわち、人類学的および政治的なとらえ方）を比較することは、次のような一連の問題を浮かびあがらせる。すなわち、十七世紀にすでに存在しており、そして二十一世紀の今もわれわれが直面している、亡命・移民・脱出という問題である。

十七世紀、ヨーロッパのいたるところで、オランダ人と日本人の合意は周知のことがらであった。北部七州〔＝オランダ〕の敵たちは、その政治を攻撃するための論拠をその合意のうちに見出した。ところがスピノザは、これを逆手に活用し、それを自分自身の議論のなかに嵌め込んだ。そして日本はスピノザにとって、自然権の理論の機能不全を暴露する——あるいは少なくとも垣間見させる——ものとしての役割を果たしたのである。

訳者あとがき（旧版）

本書は、Pierre-François Moreau, *Spinoza et le spinozisme*（Coll. « Que sais-je ? » nº1422, Presses Universitaires de France, 2007）の全訳である。原題を直訳すると『スピノザとスピノザ主義』となるが、内容の入門書的性格から判断し、邦訳タイトルを『スピノザ入門』とした。なお、原著初版は二〇〇三年に出版されているが、この翻訳は二〇〇七年の第二版に基づいている。第二版は主に初版の（文献紹介のための）脚注を部分的にアップデートしたものであり、両版は内容的には同じである。

著者ピエール＝フランソワ・モロー氏は、一九四八年生まれ。高等師範学校（エコール・ノルマル・シュペリウール）を卒業。一九九二年までソルボンヌ大学（パリ第四大学）で教鞭を執り、現在は、リヨン高等師範学校・文学人文科学部門（ENS‐LSH）の哲学史教授である。現代フランスを代表する哲学史家の一人であると言ってよかろう。モロー氏が公刊した書物は実に多数であるが、そのうちの一部を以下に挙げる。

〔著書〕

Hobbes. Philosophie, science, religion, PUF, 1989.（『ホッブズ――哲学・科学・宗教』）

Spinoza. L'expérience et l'éternité, PUF, 1994.（『スピノザ――経験と永遠性』）（国家博士論文）

Lucrèce. L'Âme, PUF, 2002.（『ルクレティウスの魂論』）

Spinoza. État et religion, ENS Editions, 2005.（『スピノザ――国家と宗教』）

Problèmes du spinozisme, Vrin, 2006.（『スピノザ主義の諸問題』）

〔編著書〕

Le stoïcisme aux XVIe et XVIIe siècles, Albin Michel, 1999.（『十六・十七世紀のストア主義』）

Le scepticisme aux XVIe et XVIIe siècles, Albin Michel, 2001.（『十六・十七世紀の懐疑主義』）

Les passions antiques et médiévales, PUF, 2003.（『古代および中世における情念』）（B. Besnier および L. Renault との共同編集）

L'épicurisme des Lumières（n° de 2003 de la Revue Dix-Huitième Siècle）（『啓蒙期のエピクロス主義』）（Anne Deneys との共同編集）

Matérialisme et passions, ENS Editions, 2004.（『唯物論と情念』）（A. Thomson との共同編集）

Les passions à l'âge classique, PUF, 2006.（『古典主義時代における情念』）

〔訳書〕

Louis Meyer, *La philosophie interprète de l'Écriture sainte*, Intertextes Editeur, 1988.（ローデウェイク・マイエル著『聖書の解釈者としての哲学』の仏訳）（Jacqueline Lagrée との共訳）

これらの書名からもわかるように、著者の専門は、スピノザ、ルクレティウス、ホッブズ、情念論等であり、とりわけスピノザ研究に関しては、現代フランスを代表するスペシャリストであって、Presses Universitaires de France（フランスにおけるコレクション・クセジュの出版社である）が刊行している新『スピノザ全集』の責任編集者でもある。

本書の意図は、著者モローが「序」に書いているように、十七世紀の哲学者スピノザの「生涯」、彼の「著作」、著作に示されている「主題と問題」、スピノザ主義の歴史的な「受容」を解説することにある。言い換えれば、本書は、スピノザという哲学者がどのように生き、何を書き、何を論じ、どのように受け止められてきたか、を解説するバランスのよい〈スピノザ入門〉である。文体も非常に明快。著者によるとスピノザは「専門的哲学研究の外部の世界で最も人気のある哲学者の一人」（「序」）であるとされるが、そのような「人気」に応え得る恰好の解説書であると言ってよかろう。

著者の論法には特徴がある。それは、できるだけ〈伝説抜きのスピノザ像を描く〉ということである。すなわち著者は、従来スピノザにまとわりついてきた「何々主義者」というさまざまなイメージをいったん括弧に入れ、スピノザの時代状況やテクストについての客観的事実を確認・整理し、さらには、研究者たちによる新しい成果を縦横に活用することによって、スピノザについて確実に肯定できることがらが何であるかをストイックに見極めようとするのである。

できるだけ〈伝説抜きのスピノザ像を描く〉という特徴が特によく現われている箇所を例示してみよう。一つは、第一章第XII節「スピノザの教養」である。そこで著者は、スピノザの蔵書目録およびスピノザのテクストに見られる引用を細かく吟味することで、彼の語学力を手始めに「ユダヤ的教養」「スペイン的教養」「ラテン的教養」「歴史的教養」「科学的教養」を診断してゆく（なかでもスピノザの「スペイン的側面」に関する指摘はスリリングである）。さらに著者は、スピノザが有していた教養のみならず欠いていた教養にも言及する（たとえば、スピノザが聖書の七十人訳を一度も引用していないことまでもが確認される）。このような実証的手法が、文庫クセジュの一冊という限られた紙幅のなかでいとも鮮やかな手際のもとに実行されているのである。

著者の論法がとくによく現われている他の箇所は、第三章の第I節「人物」および第II節「場所」である。従来スピノザはきわめて抽象的な思索者と見なされる傾向があるが、著者はスピノザのテクストそのものをつぶさに吟味し、そこにさまざまな具体的事例が盛り込まれていることを指摘する。「彼〔スピノザ〕の著作は、いたるところお話の山」なのである。著者は、それらの具体的事例から若干数の人物と場所をピックアップする。人物としてはアレクサンドロス大王、モーセ、ソロモン王、キリスト、パウロ、場所としてはイエルサレム、ローマ、アムステルダム、スペインである。こういった人物・場所についてのさまざまな具体的・歴史的な出来事こそが、スピノザが人間本性の諸法則、人間集団（社会）の政治的および宗教的な変遷の諸原理を思索するときの不可欠かつ豊穣な題材となっているのである。確かにスピノザは（デカルト以上の）「合理主義者」ではあるが、スピノザの合理主義哲学は、実はこのように豊かな人間的経験（およびその記録）によって裏打ちされている。著者が「結び」において「歴史的合理主義」と呼んでいるのは、まさにスピノザ主義のこのような側面に他ならないのである（ちなみに、人間的経験に裏打ちされたものとしてスピノザの合理主義の諸側面を捉え直すということは、著者モローの六〇〇頁を超える大著『スピノザ――経験と永遠性』におけるモチーフの一つでもあった）。

なお、本書が出る約三〇年前に、別の著者ジョゼフ・モロー（一九〇〇～一九八八年）による同じ原題の書物が出版されている。Josephe Moreau, *Spinoza et le spinozisme* (PUF, 1971) であり、日本語訳は、竹内良知訳『スピノザ哲学』（白水社文庫クセジュ、一九七三年）である。そこでは、スピノザが生きた時代状況や（大きなスパンにおける）受容史については簡略的にしか論じられず、主に主著『エチカ』で展開されている哲学体系の思想史的および内在的な理解に重点が置かれている。ジョゼフ版とピエール＝フランソワ版（本書）を読み比べてみるのも一興であろう。

ここで本書の訳出作業に関していくつかの点をことわっておきたい。

一　原書では、「序」の末尾に、スピノザの著作の略語表記法および引用箇所の表記法についての説明（フランス語原文で二五行分）がある。この箇所を本文の一部として邦訳する必要度は低いと判断し、それを訳注に回した。

二　注のほとんどは原注である。訳者が注を付した場合は、その末尾に〔訳注〕と明記した。

三　スピノザのテクストを訳出するにあたっては、岩波文庫の邦訳（訳者はすべて畠中尚志氏）に原則的に依拠した。ただし、訳者の判断で訳文や文字遣いを改めた箇所がある。

四　節の番号および節内部の見出しの中には、フランス語原文にはないものがある。読み易さを考慮して訳者が付加したものである。

五　角括弧〔　〕は、読み易さを考慮して訳者が補足した部分である。

六　段落数（すなわち改行箇所）を適宜増やした。

七　フランス語原文の「文献表」にもちろん「邦訳」の部分はない。訳者による補足である。

八　巻末の人名索引は原書にはない。訳者の判断で作成したものである。原綴りや生没年をできるだけ丁寧に取り込んだので、資料としてもおもしろいものになったのではないかと思う。

最後になったが、白水社の中川すみ氏には本訳書の出版に関して大変なご助力をあおいだ。この場を借りて厚くお礼申し上げる次第である。

二〇〇八年七月

松田克進
樋口善郎

訳者あとがき（新版）

ピエール＝フランソワ・モロー（Pierre-François Moreau）による *Spinoza et le spinozisme*（Coll. « Que sais-je ? » n° 1422）の初版が世に出たのは二〇〇三年である。この書は、その後二〇〇七年に改訂第二版が出版され、われわれ（松田・樋口）によるこの第二版の邦訳『スピノザ入門』が文庫クセジュから刊行されたのはその翌年二〇〇八年である。そののち原著は改訂を重ね、二〇一九年になって改訂第五版（Cinquième édition corrigée）が出た。読者が今ご覧になっているのは、この改訂第五版の邦訳である。

原著の第五版は第二版と比べて内容的にはほぼ同じであるが、注や巻末文献表が増補されている。この増補は二〇一〇年代のヨーロッパ（とくにフランス）におけるスピノザ研究の進展を反映させたものであり、その進展のなかには、二〇一〇年にヴァティカンの古文書のなかからスピノザの生前（遅くとも一六七五年）に作成されたと推定される『エチカ』手稿（ただしスピノザ自身によるものではない）が発見されたという〈事件〉も含まれている。

なお、つい今しがた「内容的にはほぼ同じ」と書いたが、われわれ訳者は『スピノザ入門』旧版の訳文および索引の全体を見直し、ごく部分的なものではあるが修正と調整をほどこした。そしてそのさい、原著者モロー氏は訳者のいくつかの質問に快くご返答くださり、さらには、わざわざこの日本語版のための「あとがき」を執筆してくださった。その中でモロー氏は、スピノザが日本に言及したテクストを取り上げ分析を加えている。この「あとがき」は本書第三章第Ⅱ節への特別な補足とも見なされ得よう。この場を借りてモロー氏に心より感謝申し上げる。

＊＊＊

本書には、二〇〇八年の邦訳の「訳者あとがき」を再掲している。原著者モローのその時点での略歴および本書の内容的な特徴、および訳出にあたっての方針についてはそちらを参照していただきたい。なお、二〇〇八年より後のモローの略歴についてはここで簡単に紹介する。

モローの新たな編著書としては以下の二冊がある。

L'unité du genre humain : race et histoire à la Renaissance, Presses de l'Université Paris-Sorbonne, 2014.（『人類の単一性——ルネッサンス期における人種と歴史』（Frank Lestringant および Alexandre Tarrête との共同編集）

Spinoza/Leibniz. Rencontres, controverses, réceptions, Presses de l'Université Paris-Sorbonne, 2014.（『スピノザ／ライプニッツ——邂逅・論争・受容』（Raphaële Andrault および Mogens Laerke との共同編集）

モローは現在ＰＵＦから刊行が続いている新スピノザ全集 *Spinoza-Œuvres*（原文と仏訳を含むバイリンガル全集）の責任編集者であり、後に触れるようにその第四巻『エチカ』の仏訳者でもある。彼は現在、リヨン高等師範学校・文学人文科学部門（ＥＮＳ‐ＬＳＨ）の名誉教授である。

＊＊＊

この新しい「訳者あとがき」の以下のスペースでは、二〇〇八年以後の日本の内外における、スピノザ研究あるいはスピノザ理解の基本的環境に関わるいくつかの重要な出来事について、ごく簡単にではあるが解説する。国内・国外についてそれぞれ二点（合計四点）取り上げる。

第一に、『エチカ』と並ぶスピノザのもう一つの主著の新しい邦訳が二〇一四年に刊行された。吉田量彦氏の訳出による『神学・政治論』（上・下）（光文社古典新訳文庫）である。それ以前の邦訳は岩波文庫から一九四四年に出た畠中尚志氏によるものであり、じつに格調高い名訳ではあるものの文体の古さは明らかで（たとえば「私は……」は「余は……」と訳されている）、訳文のアップデートが文字通り久しく待望されていた。吉田氏による七〇年ぶりの新訳はきわめてリーダブルであり、スピノザの宗教哲学・政治哲学を理解するうえでの必須ツールを提供するものである。

第二に、本書でも紹介されているSteven Nadlerの詳細なスピノザ伝*Spinoza. A Life*（＝文献【7】）の邦訳が二〇一二年に出版された。有木宏二氏の訳出によるスティーヴン・ナドラー著『スピノザ――ある哲学者の生涯』（人文書館）である。これによって、英語圏のスピノザ研究――ひいては近世の合理主義全般の研究――のまさに第一人者による〈スピノザ伝の決定版〉を日本語で読むことが可能となった。

第三に、一九九九年以降PUFから刊行中の新スピノザ全集において、二〇二〇年四月にその第四巻として『エチカ』の新校訂本が刊行された。テクスト校訂を行ったのはFokke AkkermanとPiet Steenbakkersである。そして、これには既述のようにモローによる新しい仏訳が付されている。この第四巻の刊行をもってスピノザのほぼすべての主要著作がこの新全集に出そろったことになる（『デカルトの哲学原理』は未刊）。従来スピノザのテクストの標準版といえば、カール・ゲープハルトが校訂し一九二五年（すなわち一〇〇年近く前）にドイツで発表したもの（いわゆる「ゲープハルト版」）であったが、今後はPUF版が徐々に併用される――場合によっては優先される――可能性がある。少なくともPUF版『エチカ』はヴァティカン手稿を考慮したものであるためその重要性は無視できないと推測される。

第四に、碩学エドウィン・カーリー（Edwin Curley）によるスピノザ英訳著作集 *The Collected Works of Spinoza*（Princeton University Press）全二巻が二〇一六年についに完結した。『エチカ』『知性改善論』『デカルトの哲学原理』等を含む第一巻は一九八五年に出ていた（そして英語圏の標準テクストとなっていた）のであるが、その時から（なんと！）三〇年以上を経て、『神学・政治論』『政治論』等を含む第二巻が刊行されるに至ったのである。これによってスピノザの標準的な英訳テクストが完備したことになる（ただしこの著作集は残念ながら『ヘブライ語文法綱要』を含んではいない）。

＊＊＊

最後になったが、改訂新版の刊行について打診してくださり、また、訳稿を整えるプロセスにおいてさまざまにご助力くださった白水社の小川弓枝氏に衷心よりお礼申し上げる。

松田克進
樋口善郎

二〇二一年三月

人名索引

ア行

カ行

サ行

タ行

ナ行

ハ行

マ行

ヤ行

ラ行

参考文献①

（原注による）

【1】Carl Gebhardt, *Spinoza. Lebensbeschreibungen und Dokumente*, Hambourg, F. Meiner, 1914; nouv. éd. refondue par Manfred Walther, 1998.

【2】Koenrad Œge Meinsma, *Spinoza en zijn kring. Historisch-kritische Studiën over Hollandsche vrijgeesten*, La Haye, 1896 (réimpr. Utrecht, 1980). Trad. franç., Vrin, 1984.

【3】Jacob Freudenthal, *Die Lebensgeschichte Spinoza's in Quellenschriften, Urkunden und nichtamtlichen Nachrichten*, Leipzig, 1899.

【4】*Carl Gebhardt : Judaïsme et baroque*, publié par S. Ansaldi, PUPS, 2000.

【5】I. S. Revah, *Spinoza et le Dr. Juan de Prado*, Paris-La Haye, Mouton, 1959; repris dans *Des Marranes à Spinoza, Vrin*, 1995.

【6】A.M.Vaz Dias et W.G. van der Tak, *Spinoza Mercator et Autodidactus*, La Haye, Martinus Nijhoff, 1932. この研究書と他の補遺は1982年，les *Studia Rosenthaliana* et les *Meddedelingen vanwege het Spinozahuis* によって，*Spinoza Merchant and Autodidact* というタイトルのもと復刊された．

【7】Steven Nadler, *Spinoza. A Life*, Cambridge UP, 1999 ; trad. franç., Bayard, 2003.〔邦訳：スティーヴン・ナドラー『スピノザ――ある哲学者の人生』（有木宏二訳），人文書館，2012年〕

【8】Theun De Vries, *Spinoza in Selbstzeugnissen und Bilddokumenten*, Rowohlt, Hambourg, 1970.

【9】J. Rowen, *John De Witt, Grand Pensionary of Holland, 1625-1672*, Princeton UP, 1978.

【10】Catherine Secrétan, *Les privilèges, berceau de la liberté: la révolte des Pays-Bas aux sources de la pensée politique moderne (1566-1619)*, Vrin, 1990.

【11】J. et P. de la Court, *La balance politique*, Madeleine Francès (ed.), F. Alcan, 1937.

【12】Nobbs, *Theocracy and Toleration*, Cambridge UP, 1938.

【13】Paul Dibon, *La philosophie néerlandaise au Siècle d'or*, Elsevier, 1954.

【14】C. Secrétan, *« Le marchand philosophe » de Caspar Barlaeus*, Champion, 2002.

【15】Wiep van Bunge, *From Stevin to Spinoza. An Essay on Philosophy in the Seventheenth-Century Dutch Republic*, Brill, 2001.

【16】E. Keesing, "Les frères Huygens et Spinoza", Cahiers Spinoza, V, 1985.

【17】*La querelle d'Utrecht*, textes publiés par Theo Verbeek, Les Impressions nouvelles, 1988.

【18】E. J. Bos, *The Correspondance between Descartes and Henricus Regius*, thèse ; Utrecht, 2002.

【19】P. Hazard, *La crise de la conscience européenne*, Paris, 1935〔邦訳：ポール・アザール『ヨーロッパ精神の危機』（野沢協訳），法政大学出版局，1990年〕.

【20】Jonathan Israel, *Radical Enlightenment*, Oxford UP, 2001 ; trad. franç., Éd. Amsterdam, 2005.

【21】M. Baillon, *Érasme en Espagne. Recherches sur l'histoire spirituelle du XVIe siècle*, Droz, 1937.

【22】A. Sicroff, *Les controverses des statuts de pureté de sang*, Didier, 1960.

【23】Antonio José Saraiva, *Inquisição e Cristãos novos*, Porto, 1969.

【24】Jean-Pierre Osier, *D'Uriel da Costa à Spinoza*, Berg International, 1984.

【25】Saul Levi Mortera, *Tratado da Verdade da Lei de Moises*, H. P. Salomon (ed.), Coimbre, 1998.

【26】Y. Kaplan, *From Christianity to Judaism. The Story of Isaac Orobio de Castro*, Oxford UP, 1989.

【27】Philippe de Limborch, *De Veritate religionis christianae amica collatio cum erudito judaeo*, Gouda, 1687 (rééd. Gregg International, 1969).

【28】Uriel da Costa, *L'Exame das tradições phariseas*, H. P. Salomon (ed.), Brill, 1993.

【29】Carlo Ginzburg, Il nicodemismo. Simulazione e dissimulazione religiose nell'Europa del'500, Turin, 1970.

【30】*Cahiers Spinoza III*, « Spinoza et les Juifs d'Amsterdam », 1980.

【31】Gabriel Albiac, *La synagogue vide, Les sources marranes du Spinozisme*, PUF, 1994.

【32】Y. Yovel, *Spinoza et autres hérétiques*, Le Seuil, 1991〔邦訳：Y・ヨベル『スピノザ――異端の系譜』（小岸昭ほか訳），人文書院，1998年〕.

【33】Menasseh ben Israel, *Espérance d'Israel*, Vrin, 1979, introduction, traduction et notes par G. Nahon et H. Méchoulan.

【34】C. B. Hylkema, *Reformateurs*, Haarlem, 1900.

【35】Kolakowski, *Chrétiens sans Église*, Gallimard, 1969.

【36】Jean-Pierre Osier, *Faust Socin, ou le christianisme sans sacrifice*, Cerf, 1996.

【37】Andreas Wissowatius, *Religio rationalis, publié* par Z. Ogonowski, Harrassowitz, 1982.

【38】H. Méchoulan, Morteira et Spinoza au carrefour du socianisme, *Revue des études juives*, 135, 1976, pp.51-65.

【39】Adriaan Koerbach, *Een Ligt shijnende in duystere plaatsen*, éd. critique par H. Vandenbossche, Bruxelles, 1974.

【40】Johannes Duijkerius, *Het leven van Philopater en Vervolg van 't leven van Philopater*, avec une introduction par Geraldine Maréchal, Amsterdam, 1991.

【41】Piet Steenbakkers, *Spinoza's Ethica from Manuscript to Print*, Assen, Van Gorcum, 1994, chap.1.
【42】H. Méchoulan, Spinoza et l'Espagne, *Cuadernos salmantinos de filosofia*, Salamanque, XI, 1984, pp.435-459.
【43】Atilano Dominguez (dir.), *Spinoza y España*, Ediciones de la Universidad de Castilla-La Mancha, 1994.
【44】Y. H. Yerushalmi, *Sefardica*, Chandeigne, 1998.
【45】Saverio Ansaldi, *Spinoza et le baroque*, Kimé, 2000.
【46】F. Biasutti, *La dottrina della scienza in Spinoza*, Bologne, 1979
【47】Fabrice Audié, *Spinoza et les mathématiques*, PUPS, 2004.
【48】R. Andrault, *La vie selon la raison. Physiologie et métaphysique chez Spinoza et Leibniz*, Champion, 2014.
【49】F. Mignini, "Per la datazione e l'interpretazione del *Tractatus de intellectus emendatione di Spinoza*", *La Cultura*, 17 (1979), 1/2, pp.87-160.
【50】F. Mignini, *Introduzione a Spinoza*, Bari, Laterza, 1983.
【51】Charles Ramond, "Les mille et une passions du *Court Traité*", in *Spinoza et la pensée moderne*, L'Harmattan, 1998, pp.11-26.
【52】*Cahiers Spinoza* I et II (1977 et 1978).
【53】Lia Levy, *L'automate spirituel. La naissance de la subjectivité moderne d'après l'Etique de Spinoza*, Van Gorcum, Assen, 2000.
【54】P. Christofolini, *La scienza intuitiva di Spinoza*, Naples, Morano, 1987.
【55】P. Drieux, *Perception et sociabilité. La communication des passions chez Descartes et Spinoza*, Classiques Garnier, 2014.
【56】I. Sgambato-Ledoux, *Oreste et Néron. Spinoza, Freud et le mal*, Classiques Garnier, 2017.
【57】Michael Schrijvers, *Spinozas Affektenlehre*, Berne, Haupt, 1989.
【58】Pascal Sévérac, *Le devenir actif chez Spinoza*, Champion, 2005.
【59】Julie Henry, *Spinoza. Une anthropologie éthique*, Classiques Garnier, 2015.
【60】P.-F. Moreau, *L'expérience et l'éternité*, PUF, 1994.
【61】Y. Prelorenzos, *Temps, durée et éternité dans les* Principes de la philosophie de Descartes *de Spinoza*, PUPS, 1996.
【62】Chantal Jaquet, *Sub specie aeternitatis*, Kimé, 1997.
【63】Nocolas Israël, *Spinoza. Le temps de la vigilance*, Payot, 2001.
【64】É. Balibar, *Spinoza et la politique*, PUF, 1985, chap.III.
【65】Ph. Cassuto, *Spinoza hébraïsant. L'hébreu dans le* Tractatus thelogico-politicus *et dans le* Compendium grammatices hebraeae linguae, Peeters, 2000.
【66】Lorenzo Vinciguerra, *Spinoza et le signe. La genèse de l'imagination*, Vrin, 2005.
【67】J. Lagrée (dir.), *Spinoza et la norme*, Presses universitaires franc-comtoises, 2002.

【68】*Spinoza entre Lumières et Romantisme*（*Cahiers de Fontenay*, 1985）.
【69】*L'hérésie spinoziste. La discussion sur le TTP 1670-1677*, Amsterdam, Maarsen, APA-Holland UP, 1995.
【70】P. Bayle, *Écrits sur Spinoza*, Berg International, 1983.
【71】G. Friedmann, *Leibniz et Spinoza*, NRF, 1945（3e éd., 1974）.
【72】E. Yakira, *Contrainte, nécessité, choix. La métaphysique de la liberté chez Spinoza et Leibniz*, Zurich, Éditions du Grand Midi, 1989.
【73】Studia spinozana 6, Spinoza et Leibniz, 1990.
【74】R. Bouveresse, *Spinoza et Leibniz*, L'idée d'animisme universel, Vrin, 1992.
【75】M. Laerke, *Leibniz lecteur de Spinoza. La genèse d'une opposition complexe*, Champion, 2008.
【76】J. G. Wachter, *Der Spinozismus in Jüdentumb*, Amsterdam, 1699.
【77】J. G. Wachter, *Elucidarius Cabbalisticus*, Amsterdam, 1706.
【78】P. Vernière, *Spinoza en France jusqu'à la Révolution*, 1954, IIe partie, chap.4.
【79】G. B. Di Noi, *Lo spinozismo critico de Léger-Marie Deschamps*, Millella, Lecce, 1985.
【80】P. Macherey, *Hegel ou Spinoza*, Maspero, 1978.〔邦訳：ピエール・マシュレ『ヘーゲルかスピノザか』(鈴木一策／桑田礼彰訳), 新評論, 1998年〕.
【81】P. Macherey, *La Découverte*, 1990.
【82】J. Benda, *La Trahison des Clercs*, Grasset, 1927, p.300.〔邦訳：ジュリアン・バンダ『知識人の裏切り』(宇京頼三訳), 未來社, 1990年〕.

参考文献②
（原書による）

便覧

Akkerman F., *Studies in the posthumous Works of Spinoza*, Groningue, 1980.

Bulletin de bibliographie spinoziste, in 4e Cahier annuel des *Archives de Philosophie*, depuis 1979.

Giancotti-Boscherini E., *Lexicon spinozanum*, La Haye, Nijhoff, 1972.

Préposiet J., *Bibliographie spinoziste*, Belles Lettres, 1973.

全集

Benedicti de Spinoza Opera quotquot reperta sunt, éd. J. Van Vloten et J. P. N. Land, La Haye, Nijhoff : 2 vol., 1883; 3 vol., 1895; 4 vol., 1914.

Spinoza Opera. Im Auftrag der Heidelberger Akademie der Wissenschaften herausgegeben von Carl Gebhardt, Carl Winter, Heidelberg, 1925.

Spinoza, *Œuvres*, éd. publiée sous la dir. de P.-F. Moreau, Paris, PUF; t. I, *Premiers écrits (Traité de la réforme de l'entendement. Court traité)*, 2009; t. III, *Traité théologieco-politique*, 1999; t. IV, *Étique*, 2020; t. V, *Traité politique*, 2005.

『エチカ』の手稿が最近ヴァティカンの古文書の中から発見された。それはスピノザの手によるものではなく、彼の身近にいた人びとのうちの一人〔ファン・ヘント〕によって彼の存命中（1675年）に書き写され、彼の友人のチルンハウスに渡されたものである。この手稿は、レーン・シュプルイト（Leen Spruit）とピナ・トターロ（Pina Totaro）によって初めて公刊された（*The Vatican Manuscript of Spinoza's Ethica*, Leiden, Brilll, 2011）。PUF〔で刊行中の全集〕で出た『エチカ』の新しい版においては、この手稿の〔現行テクストとの〕相違箇所が注記されている。

仏訳

最も便利な仏訳全集は，現在のところ，アッピューン(Charles Apphun)によるもの（Garnier, rééd. «GF», 4 vol.）である．PUFで刊行中の版は各テクストの翻訳を〔原文と〕同様に含んでいる。個別の著作についてはさまざまな仏訳が存在する．

参考文献③
（訳者による）

『ヘブライ語文法綱要』以外のスピノザの著作は，『書簡集』も含めて，邦訳が岩波文庫にある（訳者はすべて畠中尚志氏）．それ以外の邦訳としてはたとえば次のものがある．（ただし『スピノザ　エチカ抄』は『エチカ』の抄訳である）．

『倫理学（エティカ）』高桑純夫訳，『知性改善論』森啓訳，『政治論』井上庄七訳，〈世界の大思想（9）スピノザ〉，河出書房新社，1966年所収．

『エティカ』工藤喜作／斎藤博訳，〈世界の名著（25）スピノザ，ライプニッツ〉，中央公論社，1969年所収；中公クラシックス，2007年．

『スピノザ　エチカ抄』佐藤一郎編訳，みすず書房，2007年．

『神学・政治論』（上・下）吉田量彦訳，光文社古典新訳文庫，2014年．

『知性改善論　神、人間とそのさいわいについての短論文』佐藤一郎訳，みすず書房，2018年．

なお古いスピノザ伝の邦訳としては次のものがある．

リュカス／コレルス『スピノザの生涯と精神』（渡辺義雄訳），学樹書院，1996年．

訳者略歴
松田克進（まつだ　かつのり）
1991年京都大学大学院博士後期課程単位取得退学、哲学専攻。
龍谷大学文学部教授。
主要著訳書に、『スピノザの形而上学』（昭和堂、2009年）、ドミニク・フォルシェー『年表で読む　哲学・思想小事典』（共訳、白水社、2001年）がある。

樋口善郎（ひぐち　よしろう）
1991年京都大学大学院博士後期課程単位取得退学、哲学専攻。
大阪学院大学非常勤講師。
主要論文に、「ヘーゲルと貧困問題」（関西哲学会年報『アルケー』第24号、2016年）、主要訳書に、ベルナール・ブルジョワ『ドイツ古典哲学』（共訳、白水社文庫クセジュ807番、1998年）がある。

文庫クセジュ　Q 1044
スピノザ入門［改訂新版］

2021年5月5日　印刷
2021年5月30日　発行
著　者　ピエール＝フランソワ・モロー
訳　者 ©　松田克進
樋口善郎
発行者　及川直志
印刷・製本　株式会社平河工業社
発行所　株式会社白水社
東京都千代田区神田小川町3の24
電話　営業部　03（3291）7811 / 編集部　03（3291）7821
振替　00190-5-33228
郵便番号　101-0052
www.hakusuisha.co.jp

乱丁・落丁本は，送料小社負担にてお取り替えいたします．
ISBN978-4-560-51044-5
Printed in Japan

文庫クセジュ

哲学・心理学・宗教

文庫クセジュ

983 児童精神医学
987 ケアの倫理
989 十九世紀フランス哲学
990 レヴィ＝ストロース
992 ポール・リクール
996 セクトの宗教社会学
997 100語でわかるマルクス主義
999 宗教哲学
1000 イエス
1002 美学への手引き
1003 唯物論
1009 レジリエンス
1015 100語でわかる子ども
1018 聖なるもの
1019 ギリシア神話シンボル事典
1020 家族の秘密
1021 解釈学
1022 デカルト
1027 思想家たちの100の名言
1030 サン＝シモンとサン＝シモン主義
1033 ストア派
1038 キリスト教会史100の日付

文庫クセジュ

歴史・地理・民族（俗）学